Fundamentos do texto literário

SÉRIE POR DENTRO DA LITERATURA

Edgar Roberto Kirchof
Mara Elisa Matos Pereira
Maria Alice da Silva Braga
Angela da Rocha Rolla

Fundamentos do texto literário

Rua Clara Vendramin, 58 . Mossunguê
CEP 81200-170 . Curitiba . PR . Brasil
Fone: (41) 2106-4170
www.intersaberes.com
editora@editoraintersaberes.com.br

Conselho editorial	Editora-chefe
Dr. Ivo José Both (presidente)	Lindsay Azambuja
Dr.ª Elena Godoy	
Dr. Nelson Luís Dias	**Supervisora editorial** Ariadne Nunes Wenger
Dr. Neri dos Santos	**Analista editorial**
Dr. Ulf Gregor Baranow	Ariel Martins

Capa
Patrícia Lugokenski (*design*)

James Steidl, Angel Simon, shimonfoto, Thumbelina, ElenaShow e ecco/Shutterstock (imagens)

Projeto gráfico
Raphael Bernadelli

Adaptação de projeto gráfico
Charles L. da Silva

Iconografia
Célia Kikue Suzuki

1ª edição, 2017.

Foi feito o depósito legal.

Informamos que é de inteira responsabilidade dos autores a emissão de conceitos.

Nenhuma parte desta publicação poderá ser reproduzida por qualquer meio ou forma sem a prévia autorização da Editora InterSaberes.

A violação dos direitos autorais é crime estabelecido na Lei n. 9.610/1998 e punido pelo art. 184 do Código Penal.

Dados Internacionais de Catalogação na Publicação (CIP)
(Câmara Brasileira do Livro, SP, Brasil)

Fundamentos do texto literário/Edgar Roberto Kirchof... [et al.]. – Curitiba: Intersaberes, 2017. – (Série Por Dentro da Literatura)

Outros autores: Mara Elisa Matos Pereira, Maria Alice da Silva Braga, Angela da Rocha Rolla

Bibliografia.
ISBN 978-85-65704-99-1

1. Português – Redação – Estudo e ensino 2. Textos – Redação – Estudo e ensino I. Kirchof, Edgar Roberto. II. Pereira, Mara Elisa Matos. III. Braga, Maria Alice da Silva. IV. Rolla, Angela da Rocha. V. Série.

15-01282   CDD-469.807

Índices para catálogo sistemático:
1. Textos: Português: Produção: Linguística: Estudo e ensino 469.807

2) A *Poética* de Aristóteles: conceitos fundamentais, 31
- 2.1 Aristóteles, 34
- 2.2 A *Poética*, 35
- 2.3 Mimese (*mimesis*), 38
- 2.4 Gêneros poéticos, 39
- 2.5 Origem da poesia, 40
- 2.6 Verossimilhança, 41
- 2.7 Catarse, 42
- 2.8 Fábula (*mythos*), 43

3) Teoria da literatura: conceito e importância, 51
- 3.1 Conceito, 54
- 3.2 Retórica e poética: breve histórico, 55
- 3.3 Formação da teoria da literatura, 57

4) Crítica genética, 63
- 4.1 História literária, 66
- 4.2 Crítica literária, 70

5) Estética, arte e literatura, 75
- 5.1 Estética, 78
- 5.2 É possível definir *arte*?, 79
- 5.3 Literatura: objeto artístico e estético, 81

6) O autor, a obra, o leitor, 85
- 6.1 Do mundo empírico ao mundo da ficção, 88
- 6.2 Obra, 91
- 6.3 Leitor-modelo e leitor empírico, 92
- 6.4 Autor-modelo e autor empírico, 94

(1) Conceitos de literatura, 9

    1.1   Literatura como mimese, 12

    1.2   Contra a mimese, 17

    1.3   Textos impressos, 19

    1.4   Valor ficcional, 20

    1.5   Valor intelectual ou filosófico, 22

    1.6   Valor estético, 24

    1.7   Como definir *literatura*?, 26

(7) Perspectivas teóricas e históricas dos gêneros literários, 101

    7.1   Conceito de gênero, 103

    7.2   Percurso histórico e concepções teóricas, 105

    7.3   Fase clássica, 107

    7.4   Fase romântica, 108

    7.5   Fase contemporânea, 110

(8) Gêneros literários, 115

    8.1   Gênero lírico, 118

    8.2   Gênero épico ou narrativo, 122

    8.3   O gênero dramático, 124

(9) Aprofundando no gênero dramático, 133

    9.1   Tragédia, 136

    9.2   Comédia, 140

    9.3   Auto, 143

    9.4   Drama, 143

Referências, 149

Gabarito, 153

(1)

Conceitos de literatura

Edgar Roberto Kirchof tem graduação em Letras – Português/Alemão e mestrado em Semiótica pela Universidade do Vale do Rio dos Sinos (Unisinos), doutorado em Teoria da Literatura pela Pontifícia Universidade Católica do Rio Grande do Sul (PUCRS) e pós-doutorado em Biossemiótica pela Universidade de Kassel, na Alemanha. Atualmente, é coordenador do Programa de Pós-Graduação em Educação e professor de Teoria da Literatura e Crítica Literária na Universidade Luterana do Brasil (Ulbra), tendo publicado vários livros e artigos na área.

Edgar Roberto Kirchof

O presente capítulo apresenta algumas das principais concepções de *literatura*. Inicialmente, ser os conceitos desenvolvidos por Platão e Aristóteles, uma vez que esses são os mais antigos pensadores a definirem o termo. Em seguida, serão abordadas algumas definições mais recentes, enfatizando a problemática da conceituação de texto literário.

(1.1) Literatura como mimese

As definições mais antigas daquilo que atualmente se chama *literatura* – que na Antiguidade era chamado de *poesia* ou *arte* – datam do século V a.C. e são de autoria dos filósofos Platão (428-347 a.C.) e Aristóteles (384-322 a.C.). Desde muito cedo, as discussões sobre o conceito atual de literatura gravitaram em torno da questão da representação, que os gregos chamavam de *mimesis* ("mimese"). Nesta seção, esses conceitos serão abordados de forma breve, pois serão retomados no próximo capítulo, dedicado exclusivamente aos estudos de Aristóteles.

O surgimento do termo grego *mimesis* provavelmente se relaciona aos rituais e mistérios do culto a Dionísio. A mimese, ou imitação, desenvolveu-se entre os séculos VI e V a.C., na Grécia, e estava presente em diferentes manifestações artísticas – como a escultura e a pintura – que procuravam reproduzir similares dos objetos, representando-os em simulacros perfeitos. O termo foi empregado pelo filósofo Sócrates e, mais tarde, no século V a.C., seu sentido foi ampliado por Platão e Aristóteles.

De acordo com Kirchof (2004, p. 110, grifo do original), "De forma simplificada, pode-se dizer que mimese significa 'IMITAÇÃO OU REPRESENTAÇÃO de um OBJETO (buscado no mundo físico, ideal, imaginário, das ações humanas etc.), através de um conjunto de signos (palavras, sons, imagens, gestos etc.)', que pode apelar para diferentes canais perceptivos: visual (como no caso da pintura, da fotografia, por exemplo), verbal (como no caso da literatura), auditivo (a música) etc.". Em outras palavras, uma pintura representa por meio de imagens; uma canção, por meio de sons; já a literatura é representada por meio do DISCURSO e das PALAVRAS.

1.1.1 Platão

Para Platão (1996), a mimese corresponde à CÓPIA DA REALIDADE, uma espécie de "retrato" da aparência dos objetos do mundo. No entanto, esse filósofo acredita que a essência dessa realidade física está, na verdade, no mundo das ideias, sendo o mundo físico uma cópia imperfeita deste. Por isso, segundo o pensador, a mimese afasta o indivíduo do conhecimento e da verdade na medida em que viabiliza a captação somente da aparência física dos objetos, permitindo escapar a essência espiritual. Assim, o filósofo deprecia a literatura, já que ela, sendo mimese, apenas representa os objetos do mundo. Para ele, somente a filosofia conseguiria refletir as ideias imateriais.

Platão afirmava que, para CONHECER A REALIDADE, primeiro é preciso conhecer dois planos: O PLANO SENSÍVEL, que corresponde à realidade sensível, e O PLANO DAS IDEIAS, no qual se situariam as ideias alcançadas unicamente pela inteligência – a justiça, a bondade, a verdade e a beleza. No mundo das ideias, a verdade, a beleza e o bem são essências superiores, arquétipos imutáveis que servem de modelo para as coisas do mundo do sensível, calcado na mutabilidade e na imperfeição.

A estética platônica está vinculada à proposta filosófica do autor, ou seja, sua compreensão de beleza passa necessariamente por sua teoria das ideias. Platão chama de *arte* tudo aquilo que corresponde a um saber-fazer, a uma ação puramente técnica que está presente em várias áreas da vida humana, como a política, a poesia, a marcenaria e a retórica.

Platão (1996), na obra *A república*, descreve uma sociedade quase perfeita, fundamentada na justiça, e destaca o perigo que os poetas representam para ela, pois a poesia seria a arte da imitação ou mimese. De acordo o autor, os simulacros, na poesia, seriam uma tentativa de iludir, ludibriar os ouvintes.

Para produzir uma mesa, um artesão só pode elaborá-la com base em uma ideia universal de mesa. De certa maneira, o artífice imita uma ideia que já existia antes de a mesa ser produzida por ele. Não foi ele quem criou a ideia do móvel; ele apenas tenta se aproximar o máximo possível dessa ideia. No entanto, após concluir a mesa, é possível notar que ela não é perfeita como a ideia que lhe servira de modelo. Porém, de certa forma, ela participa, em algum grau, da perfeição da mesa ideal.

Nesse sentido, a conclusão de Platão é de que o poeta, o escultor, o pintor são como os artesãos, pois também fazem objetos (poesia, escultura, pintura), com a diferença de que os produzem por meio de um processo de IMITAÇÃO DA IMITAÇÃO, pois usam como modelos de suas obras não as ideias, mas os próprios objetos produzidos pelo ser humano. Quando pinta um vaso em uma tela, um pintor apreende apenas parte da realidade, ainda que sua pintura nos dê a impressão de totalidade dessa realidade. O pintor pinta o vaso, porém não saberia produzir o objeto vaso; além disso, ele usa como modelo um vaso produzido por um artesão, e não a ideia ou o conceito de vaso.

Para Platão, as essências (presentes no mundo das ideias) correspondem à realidade; o trabalho de um artesão corresponde à mera imitação da realidade; e a produção de um poeta, escultor ou pintor é imitação da imitação da realidade, ou seja, está ainda mais distante da realidade e do ser.

Submeter a ARTE ao conceito de VERDADE proposto por Platão não seria retirar dela tudo aquilo que, na contemporaneidade, a define como tal? Ademais, seria legítimo avaliarmos um conceito filosófico proposto na Antiguidade à luz do contexto contemporâneo, correndo o risco de cometermos um anacronismo?

Na literatura, Platão (1996) diferencia o conteúdo (chamado de *logos* ou *o quê*) da forma (*leixis* ou *como*). O autor defende que o texto literário deve privilegiar CONTEÚDOS e VALORES NOBRES, como a sensatez e a piedade. Em relação à FORMA, o pensador afirma que há três tipos de narração que servem de base para a classificação dos gêneros literários:

- NARRAÇÃO SIMPLES – O poeta se expressa em seu próprio nome (lírica).
- NARRAÇÃO IMITATIVA OU MIMÉTICA – O poeta se expressa como se fosse outro que fala (drama – tragédia e comédia).
- NARRAÇÃO MESCLADA – A narração simples e a narração imitativa se misturam (epopeia).

Platão (1996) afirma que a melhor dessas três formas de narração é a simples, na qual o poeta se expressa em seu próprio nome, pois, segundo o filósofo, esse modo não criaria tanto efeito de ilusão da realidade.

Mais adiante será realizado com maior profundidade o estudo dos gêneros literários.

1.1.2 *Aristóteles*

A concepção de Aristóteles sobre a mimese literária é diferente da de Platão, por dois motivos. Primeiro, porque Aristóteles acredita que a essência da realidade não é espiritual. Em sua obra *Poética* – um conjunto de anotações das aulas de Aristóteles sobre a poesia e a arte –, o filósofo afirma que a mimese, em vez de afastar o indivíduo da verdade, serve como instrumento para que ele adquirira CONHECIMENTO: "Imitar é natural ao homem desde a infância – e nisso difere dos outros animais, em ser o mais capaz de imitar e de adquirir os primeiros conhecimentos por meio da imitação – e todos têm prazer em imitar" (Aristóteles; Horácio; Longino, 1990, p. 21-22). Segundo, porque Aristóteles também defende que a literatura transmite conhecimentos de forma prazerosa. O argumento que sustenta essa tese está na própria experiência da observação. Segundo o filósofo, contemplamos com prazer imagens configuradas com perfeição, ainda que representem coisas pelas quais temos repugnância, como animais ferozes e cadáveres (Aristóteles; Horácio; Longino, 1990). Nesse sentido, o prazer experimentado pelo receptor depende da qualidade da representação. Dessa forma, para Aristóteles, uma representação literária mal realizada é aquela incapaz de atingir seu objetivo primordial: proporcionar PRAZER ESTÉTICO.

Para Aristóteles, ao contrário do que acreditava Platão, a Beleza de um objeto não dependeria de sua maior ou menor participação em uma Beleza suprema, absoluta, com existência própria no mundo ideal das Essências puras. A Beleza aristotélica é a consequência de determinada harmonia ou ordenação das partes do objeto entre si e em relação ao todo, resultando um objeto que agrada apenas por poder ser apreendido e fruído pelo sujeito.

Já na *Retórica*, Aristóteles (2000) analisa a fruição da obra de arte e as características da Beleza sob o ponto de vista do indivíduo que a contempla, investigando o que ocorre em seu espírito quando a experimenta. O filósofo afirma, então, que o prazer estético é uma consequência da apreensão gratuita e sem esforço do objeto pelo espírito do sujeito.

Na obra *Poética* (Aristóteles; Horácio; Longino, 1990), o filósofo trata do que, hoje, chamamos de *literatura* (o termo não existia naquela época). Com base em sua estrutura, divide-a em três partes:

1. MEIOS – Consistem em cores, figuras, ritmo, linguagem e harmonia.
2. OBJETOS – São homens que praticam alguma ação. Na tragédia, os heróis apresentam qualidades morais acima da média. Por isso, a tendência do receptor é chorar quando ocorrem as catástrofes. Já na comédia, os heróis são colocados com qualidades morais abaixo da média. Por essa razão, em vez de se comover quando ocorrem reviravoltas negativas, o receptor acaba rindo.
3. MODOS DE NARRAÇÃO – Subdividem-se em três tipos:
    I. NARRATIVO, em que o poeta pode assumir a personalidade de outros ou falar em seu próprio nome;
    II. DRAMÁTICO, em que a personagem opera e age diretamente;
    III. MISTO, em que estão mesclados o modo narrativo e o dramático.

Comparando Platão e Aristóteles, podemos concluir que ambos definem o que atualmente chamamos de *literatura* como *mimese* ou *representação*. O que diferencia suas perspectivas é o VALOR que esses pensadores atribuíram à MIMESE: se, por um lado, Platão afirma que a representação deve ser evitada porque afasta o indivíduo da realidade, por outro, Aristóteles defende a mimese porque ela proporciona prazer estético e aprendizagem.

(1.2) Contra a mimese

Compagnon (1999) chama a atenção para o fato de que, atualmente, a maior parte dos teóricos da literatura critica a teoria da mimese desenvolvida por Aristóteles e, principalmente, por Platão. Para o autor, o grande problema de tais críticos residiria em sua definição ingênua de *mimese* ou *representação*, segundo a qual a obra literária seria capaz de imitar de forma fidedigna o mundo real. De acordo com essa concepção, a literatura seria cópia fiel da realidade.

Antes de tudo, é necessário reconhecer que nem Platão, nem Aristóteles eram ingênuos a ponto de pensarem que a linguagem copia a realidade diretamente, de forma fidedigna. Ambos os filósofos sabiam que, na representação, o signo sempre atua sobre o conteúdo representado. A partir do século XX, no entanto, com as teorias de Ferdinand Saussure (1857-1913), Jacques Derrida (1930-2004), Roland Barthes (1915-1980), Roman Jakobson (1896-1982) e outros semioticistas, esse aspecto arbitrário ou convencional da representação passou a ser fortemente enfatizado.

De acordo com tais teorias, amplamente aceitas no meio acadêmico, não é correto afirmar que a linguagem copia os objetos do mundo. Antes, a representação ocorre como CRIAÇÃO ou RECRIAÇÃO da realidade, pois nela o objeto representado não é uma cópia fotográfica, mas uma construção capaz de ampliar nossa própria concepção do que seja a realidade.

Uma das teorias que mais ajudam a perceber esse aspecto é a semiótica de Charles Sanders Peirce (1839-1914), teórico que chama a representação de SEMIOSE (Peirce, 1958, tradução nossa). Segundo o teórico, pode-se afirmar que, quando alguém interpreta uma metáfora presente em um poema, chegando a interpretações pessoais, ocorre a semiose.

Para facilitar o entendimento dessa ideia, suponha-se que um leitor interprete a metáfora da pedra, nos versos de Carlos Drummond de Andrade (1902-1987): "No meio do caminho tinha uma pedra" (Andrade, citado por Ramos Junior, 2002-2003, p. 101). Em sua interpretação, estão presentes os três elementos da semiose: a palavra *pedra* corresponde ao signo; o objeto desse signo é tudo aquilo a que o autor se referiu quando utilizou o termo; o interpretante, por sua vez, corresponde ao efeito causado pelo signo (a palavra *pedra*) no leitor, gerando interpretações, como "obstáculo, problema, interrupção". Como, nesse exemplo, a relação entre o objeto e o signo é de semelhança, podemos afirmar que temos um ícone, conforme mostra a Figura 1.1.

Figura 1.1 – Os signos em relação com os objetos de referência

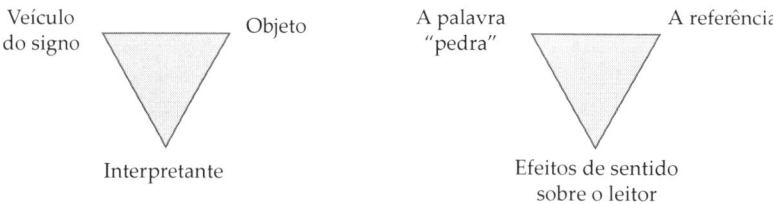

Há algumas possibilidades no que se refere à relação do signo com o objeto: quando a representação se dá por semelhança, o signo representa o objeto em função de suas qualidades, assim, tem-se um ícone; quando o signo representa o objeto com base em uma conexão existencial, tem-se um índice; por fim, quando o signo representa o objeto por meio de uma convenção geral ou de uma lei, como no caso das palavras, tem-se um SÍMBOLO. Nesse sentido, Peirce (2007, p. 48) explica que

> *Há três tipos de signos. Primeiro, há a semelhança, ou ícones, que expressam ideias das coisas que eles representam simplesmente por imitá-las. Segundo, há indícios, ou índices, que mostram algo sobre as coisas, atualizam-se sendo fisicamente conectados a elas. Tal qual uma sinalização, que indica a direção do fluxo de uma rua, ou um pronome relativo, que é colocado justamente depois do nome das coisas que se pretende sejam denotadas, ou uma exclamação de vocativo, como "Oi, você aí!", que age sobre os nervos da pessoa que a ouve com uma força a chamar sua*

atenção. Terceiro, há símbolos, ou coisas gerais, que se veem associadas com seus significados de uso. Tais são as palavras e frases, e diálogos, e livros, e livrarias.

Seguindo a teoria semiótica de Peirce (1958), portanto, é possível concluir que a literatura é uma atividade permanente de semiose.

(1.3) Textos impressos

Uma das maneiras mais simples de definir a literatura é afirmar que ela se trata de qualquer TEXTO ESCRITO E IMPRESSO. Essa concepção é muito comum; é possível percebê-la, por exemplo, quando se fala em *literatura sobre determinado assunto*, quase como sinônimo de *bibliografia*. Nesse sentido, portanto, qualquer texto relacionado a um tema específico é definido como "literatura sobre aquele tema", ainda que não haja nele, necessariamente, qualquer sentido estético, ficcional, literário ou de imaginação.

No entanto, para além dessa definição mais simples, Greenlaw (1874-1931), citado por Wellek e Warren (2003), sugeriu que a literatura fosse definida como todo e qualquer texto capaz de facilitar o estudo da história da civilização. Nesse sentido, a literatura abrangeria textos ligados desde à medicina do século XIV até aos movimentos planetários ou à feitiçaria da Velha e da Nova Inglaterra, para mencionar apenas alguns exemplos. Textos de história, filosofia, ciência, retórica, enfim, textos produzidos em todos os âmbitos das culturas acadêmica e não acadêmica fariam parte da literatura na medida em que serviriam de testemunho histórico de dada cultura. Assim, do ponto de vista filológico, por meio do conjunto de tais textos literários seria possível apreender como se configura uma nação ou um povo.

Nos dias de hoje, essa definição de literatura ainda tem alguns defensores, mas muitos críticos literários lhe são contrários. O principal argumento para recusar essa concepção é o de que ela é ampla demais, pois, ao se definir a literatura como todo e qualquer texto, perde-se a possibilidade de tratar de suas características específicas.

Assim, a própria disciplina de Teoria Literária deixaria de ter relevância. Além disso, nessa perspectiva, a literatura seria julgada com fundamentação não em critérios literários, mas em sua capacidade de dar resultados positivos para outras disciplinas, como História, Psicologia Social, Sociologia e Antropologia.

(1.4) Valor ficcional

Aristóteles foi um dos primeiros pensadores a diferenciar HISTÓRIA de LITERATURA, conforme explica o próximo capítulo. Segundo o filósofo, ao passo que a história está comprometida com a verdade, pois narra apenas fatos que se acredita terem efetivamente ocorrido, a literatura está comprometida com a verossimilhança, pois narra aquilo que poderia acontecer (Aristóteles, [1969?]). Seguindo essa linha de raciocínio, a história deve se ater à narração de fatos ligados a pessoas que realmente existiram; já a literatura tem a liberdade de criar personagens fictícias, que não precisam ter realmente vivido no mundo factual.

Sem dúvida, a FICCIONALIDADE é um traço importante da maior parte dos textos considerados literários e está diretamente ligada à inventividade do autor para criar mundos que, de alguma maneira, sempre revelam algo sobre a realidade em que os leitores estão envoltos. No entanto, ainda que a ficção seja um traço importante da *literatura*, ela não pode ser tomada como critério absoluto para a definição do termo, pois muitas personagens que hoje são tidas como ficcionais – como os deuses dos mitos gregos –, eram originalmente consideradas entidades realmente existentes. Além disso, em muitas obras literárias, especialmente aquelas mais ligadas ao gênero épico, várias personagens históricas são colocadas lado a lado com personagens inventadas.

Por fim, é preciso ressaltar que existem obras literárias totalmente baseadas em fatos reais. No livro *In cold blood*, por exemplo, Truman Capote (1924-1984) conta a história verídica de quatro assassinatos ocorridos na região do Kansas, nos Estados Unidos, baseando-se, para tanto, em uma série de entrevistas que realizou com residentes locais, com policiais e até mesmo com os assassinos.

O que poderia, a rigor, ser considerado FICCIONAL? Na resposta a essa questão residem os limites da característica *ficcionalidade* como definidora do conceito de texto literário.

O texto a seguir apresenta uma interessante reflexão sobre esse questionamento.

> De um ponto de vista geral, a explicação do conceito de ficção encontrada em textos de estudiosos do assunto, manuais, dicionários e enciclopédias se concentra, basicamente, nestas definições: *fingimento, farsa, modelagem, imaginação, representação e invenção*. Além das referidas acepções, encontramos também a palavra "ficção" com o sentido de gênero literário, mais especificamente, designando os textos em prosa. Devido a essa pluralidade de sentidos, e também de posições teóricas a respeito do assunto, definir o que é ficção é uma tarefa delicada. [...]
>
> Tomemos o caso das noções de *fingir* e de *criar*, que podem adquirir matizes muito diferentes segundo os contextos em que são empregadas. *Fingir*, conforme FERREIRA (1975), pode significar tanto *fabular, simular* quanto *enganar, dissimular, ser hipócrita*. Seria o mesmo que imputar um juízo de valor à ficção, e um juízo negativo. A definição ainda comporta ideias antagônicas como *simular – dissimular*. O verbo *criar*, segundo o autor citado, pode significar tanto *originar, dar existência, fundar, tirar do nada*, quanto *inventar, imaginar, suscitar*. Talvez o caso de *criar* fosse até mais pertinente. No entanto, *criar* pressupõe que o produto resultante tenha como requisito *ser inédito* [sic] o que vai contra a ideia de *simulação* e de *imaginação*.
>
> [...] as noções de ficção e de narração são muito próximas, chegando mesmo a serem confundidas uma com a outra. [...]

> Podemos encontrar a narração em vários tipos de textos que não são, necessariamente, ficcionais: textos de imprensa em geral, publicidades, manuais escolares, textos informativos (manuais de instruções de equipamentos, receitas, etc.). Obviamente, a narração também aparece em textos institucionalizados literários e tidos como ficcionais, como, por exemplo, romances, novelas, contos, prosa poética.
>
> [...] poderíamos dizer que a narração é um *Modo de Organização do Discurso* [...].
>
> Em relação à estreita ligação entre narração e ficção, esse autor baseia-se na ideia de efeitos discursivos de realidade e de ficção [...]. Em tal ponto de vista, narrar é uma atividade posterior à existência de uma ideia que se dá, necessariamente, como passada (mesmo quando ela é pura invenção). Ao mesmo tempo, essa atividade tem a faculdade de criar um universo narrado que se baseia em uma outra realidade que somente existe através desse universo. [...]
>
> Pensamos ser relevante dizer que um dos sentidos da palavra ficção é a designação de textos narrativos que possuem o estatuto de literários como, por exemplo, romances, contos, novelas. [...]
>
> Tentaremos, então, demarcar a diferença entre *Ficção* e *Literatura*: a *Ficção* seria um tipo de discurso que poderia estar inserido no conjunto de textos pertencentes à instituição *Literatura*; esta última, por sua vez, seria um *juízo de valor estético* dissociado do discurso ficcional.

Fonte: Lopes, 2000, p. 22-25, 27-29, grifos do original.

(1.5) Valor intelectual ou filosófico

É comum que a definição de texto literário como obra de ficção seja apresentada tomando-se por base o valor intelectual das ideias que apresenta, como o enredo e as ações das personagens. Essa concepção também tem raízes na filosofia de Aristóteles, pois, como visto anteriormente, o filósofo acreditava que a literatura, como mimese, deve proporcionar não apenas o prazer do entretenimento, mas também a progressão do CONHECIMENTO.

A personagem ficcional Emma Bovary, da obra *Madame Bovary*, de Gustave Flaubert (1821-1880), demonstra que a ficção pode servir de instrumento de denúncia de certas arbitrariedades sociais, por exemplo. A obra, publicada pela primeira vez na França, em 1857, marcou o realismo na literatura e causou grande polêmica por apresentar uma crítica à sociedade francesa da época.

No entanto, a ficção não serve apenas para denunciar injustiças ou para criticar sistemas sociais e econômicos. Personagens mitológicas, como Tristão e Isolda, levam o leitor a refletir sobre as vicissitudes da EXISTÊNCIA. Narrativa de tradição popular, a história do malfadado casal foi registrada em várias versões literárias e serviu de base para uma famosa ópera do compositor alemão Richard Wagner (1813-1883). A narrativa citada entrou para a história da literatura por volta do século XII, um período marcado pelo conceito literário de *amor cortês*, uma experiência de conflito entre o desejo erótico e a realização espiritual, que costumava representar a apaixonada relação entre uma dama casada e um jovem solteiro. Em Tristão e Isolda, o amor é proibido, principalmente em vista dos costumes e da religiosidade da época, e gera uma série de situações adversas, provações e emboscadas, que culminam na morte do casal apaixonado.

As personagens Ivan e Alióchá, de *Os irmãos Karamazov*, obra do escritor russo Fiódor Dostoiévski (1821-1881), permitem ao leitor entrar em contato com discussões profundas acerca da disputa entre o ateísmo e a religiosidade presente no final do século XIX.

Assim, toda personagem fictícia bem construída serve como ponto de partida para uma reflexão não apenas sobre problemas imediatos ligados à existência, mas também sobre inúmeras questões vinculadas às ciências, à filosofia e à sociedade.

(1.6) Valor estético

Uma concepção extremamente influente no âmbito da teoria literária é aquela segundo a qual a literatura é dotada de VALOR ESTÉTICO. No quinto capítulo desta obra, serão aprofundados os conhecimentos sobre a palavra *estética* e sobre os motivos de ela ser tão importante para a compreensão da arte e da literatura.

Por ora, será abordada a concepção de literatura relacionada a valor estético. Essa ideia remonta, inicialmente, ao século XVIII, quando a disciplina Estética, integrante da Filosofia, pretendia arrolar os principais traços capazes de revelar o valor de uma obra de arte. No início do século XX, porém, essa concepção passou a ter grande prestígio, principalmente em razão do trabalho de um grupo de pesquisadores russos, os chamados *formalistas russos*, que pretendiam definir a essência da literatura com base em sua FORMA LINGUÍSTICA. Um dos formalistas mais influentes, Roman Jakobson (1896-1982), determinou os traços que permitem definir a literariedade da literatura, ou seja, os traços linguísticos específicos da linguagem literária que permitem distingui-la, por exemplo, das linguagens científica, jurídica e cotidiana.

A teoria de Jakobson (1976) baseia-se nas seis funções da linguagem por ele propostas, entre elas a função poética ou estética. Esta se caracteriza pelo ato de a mensagem remeter à própria mensagem. Em outras palavras, o que define a literariedade é o apelo sobre a forma linguística, que vários autores denominam AUTORREFLEXIVIDADE (a linguagem que reflete a própria linguagem). Para o teórico russo, quanto mais autorreflexiva é uma obra literária, maior é seu valor estético, pois essa característica possibilita o surgimento de múltiplos significados, que o autor considera juntamente ao conceito de AMBIGUIDADE. Nessa perspectiva, a autorreflexividade provocaria ambiguidades de sentido vistas como um enriquecimento semântico, típicas da boa literatura (Jakobson, 1976).

A teoria de Jakobson tornou-se muito influente no âmbito da crítica literária de tradição semiótica. Eco (1974, p. 109, grifo do original), por exemplo, afirma que as características

> *do uso estético de uma língua são a* ambiguidade *e a* autorreflexividade *das mensagens [...]. A ambiguidade permite que a mensagem se torne inventiva em relação às possibilidades comumente reconhecidas ao código, e é uma característica comum também ao uso metafórico [...] da linguagem [...].*

Como é possível perceber, os críticos literários que julgam o valor estético das obras baseiam-se eminentemente em critérios formais, como a ambiguidade e a autorreflexividade, em detrimento de critérios ideológicos ou mais voltados ao próprio conteúdo do texto.

O trecho a seguir descreve bem as limitações do uso do valor estético como critério de conceituação de texto literário.

> Entre os debates da crítica literária contemporânea, um dos mais exigentes se refere ao problema dos critérios de valorização de obras literárias. Observamos em muitos aspectos, na literatura brasileira recente, a diversidade da produção, em termos formais e temáticos, e isso tem estimulado uma ampla reflexão sobre a adequação de categorias tradicionais para lidar com essa produção. Em meio a essa reflexão, constantemente são formuladas dúvidas sobre a qualidade e a relevância das obras contemporâneas.
>
> Em tempos em que a complexidade da indústria cultural desafia as ciências humanas como um campo cifrado, parece improvável que a relevância de obras literárias possa ser avaliada de modo independente do impacto do mercado. O questionamento do valor estético poderia demandar uma percepção crítica dos mecanismos de descartabilidade de valor propostos pelo consumo. [...]
>
> Trata-se de articular a apreciação de obras literárias com a exposição à violência social contemporânea. Especificamente, cabe

> pensar o que pode ser considerado esteticamente relevante, ou belo, ou passível de contemplação, em um contexto de sujeição constante ao impacto agressivo de uma realidade caracterizada por conflitos sociais e impasses éticos em ampla escala. Dizendo de outro modo, se nos encontramos em um constante estado de suspensão entre insegurança, medo e ansiedade, associado a tensões políticas e econômicas, o que se apresenta como interessante ao olhar?

FONTE: GINZBURG, 2008.

(1.7) Como definir *literatura*?

Um dos maiores problemas da teoria literária, como foi possível perceber com base no exposto anteriormente, é definir o que é literatura.

Apesar de o conceito parecer óbvio à primeira vista, basta comparar alguns livros considerados literários para notar diferenças. O que um sermão do Padre Antônio Vieira (1608-1697) tem a ver com um romance de Flaubert, por exemplo? Por que é possível definir tanto um soneto de Camões (1524-1580) quanto os versos livres e irônicos de Oswald de Andrade (1890-1954) como poesia? Considerando-se a poesia concreta e a poesia digital, por exemplo, torna-se ainda mais difícil dizer em que consiste a literatura, pois essas formas literárias integram diretamente elementos da imagem visual em sua composição.

Ressalte-se que, no estudo da historiografia de um país, é possível estudar obras consideradas literárias juntamente com obras não literárias.

Além disso, muitos textos hoje considerados literários não foram escritos com esse fim, originalmente. Segundo Eagleton (2003, p. 12),

> Um segmento de texto pode começar sua existência como história ou filosofia, e depois passar a ser classificado como literatura; ou pode começar como literatura e passar a ser valorizado por seu significado arqueológico.

Alguns textos nascem literários, outros atingem a condição de literários, e a outros tal condição é imposta. Sob esse aspecto, a produção do texto é muito mais importante do que o seu nascimento. O que importa pode não ser a origem do texto, mas o modo pelo qual as pessoas o consideram. Se elas decidirem que se trata de literatura, então, ao que parece, o texto será literatura, a despeito do que o seu autor tenha pensado.

[...]

Como definir, portanto, a literatura? Culler (1999) sugere que definir *literatura* é como definir *erva daninha*: não existe nada, na essência de uma planta, que a torne uma erva daninha. São as pessoas que atribuem o caráter *daninho* a uma planta, quando esta cresce em um lugar onde se acredita que não deveria crescer. Eagleton (2003), também se servindo da ideia da erva daninha, afirma que a literatura não pode ser definida com base em sua essência, pois nenhum texto possui uma qualidade inerente que implique sua literariedade. Por isso, o autor acredita que a definição da literatura deve fundamentar-se em suas FUNÇÕES: não é possível definir o que é a literatura, mas é possível afirmar para que ela serve – ou serviu, em determinados períodos históricos (Eagleton, 2003).

O caráter funcional em detrimento do ontológico, sinalizado por Eagleton (2003), indica a arbitrariedade que a esfera social, com suas implicações de poder, tem para determinar aquilo que é literário ou não.

Atividades

1. Assinale a alternativa que melhor explica por que o conceito de mimese é importante para definir o texto literário:
   a) Definir a literatura como mimese é importante apenas por uma razão histórica: trata-se de um conceito proposto por dois filósofos da Grécia Antiga: Platão e Aristóteles.
   b) Definir a literatura como mimese é importante porque esse conceito ajuda na compreensão de que o texto literário representa a realidade de modo fidedigno.

c) Definir a literatura como mimese é importante porque esse conceito ajuda na compreensão de que o texto literário não representa a realidade de modo fidedigno.

d) Definir a literatura como mimese é importante porque, além de ser um conceito histórico, proposto na Grécia Antiga, ressalta o caráter representacional da literatura, um de seus traços fundamentais.

e) Definir a literatura como mimese é importante porque não é possível estudar qualquer fenômeno cultural desconsiderando as reflexões realizadas na Grécia Antiga, pois todos os problemas atuais já foram discutidos pelos filósofos daquele período.

2. Qual a principal diferença quanto à concepção de literatura conforme Platão e Aristóteles?

a) Ambos compreendem a literatura como representação (mimese). No entanto, se, por um lado, Platão considera a representação como um afastamento da verdade, por outro, Aristóteles a compreende como uma possibilidade de ampliação cognitiva.

b) Se, para Platão, a literatura apresenta caráter filosófico, devendo transmitir apenas valores morais, para Aristóteles, na literatura devem predominar as funções lúdicas e prazerosas.

c) Platão dá mais valor ao conteúdo (*logos*) que à forma literária (*leixis*); já Aristóteles não faz qualquer distinção entre esses dois aspectos.

d) Aristóteles dá mais valor ao conteúdo (*logos*) do que à forma literária (*leixis*); já Platão não faz qualquer distinção entre esses dois aspectos.

e) Platão condena a literatura por acreditar que textos literários transmitem apenas valores imorais, ao passo que Aristóteles entende que a literatura produz apenas entretenimento.

3. Por que vários teóricos da literatura, no século XX, passaram a criticar a concepção de literatura como mimese?
   a) Porque consideram que tanto Platão quanto Aristóteles tinham uma visão simplista a respeito desse conceito, na qual a literatura era definida como mera cópia da realidade.
   b) Porque têm enfatizado que a representação é não uma simples cópia dos objetos do mundo, mas uma reconstrução semiótica dele.
   c) Porque Platão tinha uma visão simplista desse conceito, na qual a literatura era definida como mera cópia da realidade.
   d) Porque, visto que Platão e Aristóteles não tinham conhecimento de que os signos mantêm sempre uma relação arbitrária com os objetos que representam, definiram a mimese como uma cópia direta da realidade.
   e) Porque, com o surgimento da semiótica, demonstrou-se que a literatura não pode ser definida como representação.

4. Assinale a alternativa correta no que diz respeito às principais concepções de literatura:
   a) Um dos principais argumentos em favor da concepção de literatura como todo e qualquer livro impresso é o de que tudo o aquilo que se escreve tem sempre algum tipo de valor literário.
   b) A literatura como ficção é uma das concepções mais aceitas entre os teóricos da literatura, visto que a verdadeira obra literária não se baseia em fatos históricos, e é sempre fruto da imaginação do escritor.
   c) Na tradição de Aristóteles, a literatura não é compreendida apenas como fonte de entretenimento, mas também como ponto de partida para discussões filosóficas e científicas.

d) Definir a literatura tomando por base seu valor estético permite estipular, com clareza, as verdadeiras obras literárias, permitindo ao crítico repudiar aquelas obras que visam apenas ao entretenimento, dirigidas para as massas.

e) Na tradição de Platão, a literatura não é compreendida apenas como fonte de entretenimento, mas também como ponto de partida para discussões filosóficas e científicas.

5. Por que é tão difícil chegar a um consenso quanto à definição de literatura?

a) Porque, assim como as ervas daninhas, as obras literárias estão em constante mutação, o que dificulta encontrar suas características essenciais.

b) Porque o texto literário tem inúmeras funções práticas e teóricas, por isso nenhum teórico jamais foi ou será capaz de refletir sobre elas.

c) Porque os teóricos se dividem em quatro posições distintas: todo texto impresso, valor ficcional, valor intelectual e valor estético.

d) Porque o texto literário não tem qualquer função prática ou teórica, servindo, predominantemente, para o entretenimento ao longo da história.

e) Porque a literatura é uma prática sociocultural que, como ato histórico, não tem uma essência estática e, por isso, é capaz de adquirir funções diferenciadas ao longo da história.

(2)

A *Poética* de Aristóteles:
conceitos fundamentais

Mara Elisa Matos Pereira tem licenciatura em Letras e graduação em Psicologia pela Universidade Federal do Rio Grande do Sul (UFRGS), mestrado e doutorado em Linguística e Letras pela Pontifícia Universidade Católica do Rio Grande do Sul (PUCRS). Atualmente, é professora adjunta da Universidade Luterana do Brasil (Ulbra). Tem experiência como docente na área de Letras, com ênfase em Teoria Literária e Literatura Brasileira, atuando principalmente com o tema "literatura infantil".

Mara Elisa Matos Pereira

Como foi possível perceber no capítulo anterior, as concepções de Aristóteles influenciaram profundamente os estudos sobre a literatura, principalmente em virtude de suas reflexões relativas ao conceito de mimese. Em decorrência de seu pioneirismo na área dos estudos literários, Aristóteles continua sendo uma referência importante até os dias de hoje, ainda que alguns de seus conceitos tenham sofrido críticas ao longo do tempo. Como será comentado mais adiante, muitas discussões sobre questões literárias atuais iniciam-se com uma retomada dos conceitos aristotélicos. Por essa razão, neste capítulo, alguns dos principais conceitos desse autor, alguns deles já apresentados superficialmente no capítulo anterior, serão tratados com mais profundidade.

(2.1) Aristóteles

Aristóteles é uma referência importante para várias áreas do conhecimento. É comum encontrar seu nome ligado não só à filosofia, mas também ao direito, à medicina, à psicologia e, é claro, à teoria da literatura. Quem se dedica a estudar suas obras percebe que esse filósofo esteve intensamente envolvido nas questões ligadas a todas essas áreas, além de outras. Aristóteles é considerado um notável pensador, pesquisador e professor, preocupado não apenas em realizar descobertas científicas, mas também em transmitir seus conhecimentos. Conhecer a vida e o legado de Aristóteles é uma forma concreta de lograr uma aproximação do pensamento desse grande filósofo.

Aristóteles nasceu, provavelmente, em 384 a.C., na cidade de Estagira, no Reino da Macedônia. Era filho de gregos, povo que colonizara essa cidade e a marcara com sua cultura. Seus pais exerciam a arte da medicina e, durante a infância do futuro pensador, seu pai esteve a serviço da corte do rei macedônico, situada na cidade de Pelas (McLeish, 2000, p. 9).

Aristóteles ficou órfão antes dos 17 anos e recebeu, como tutor, Próxeno, que o enviou a Atenas, onde ingressou na Academia, escola dirigida por Platão. Naquela época, essa escola era famosa em todo o mundo grego. Lá permaneceu por 20 anos, período em que, embora já revelasse certa oposição ao pensamento platônico, manteve-se fiel ao mestre. Exerceu o magistério e produziu alguns de seus primeiros escritos – entre eles, *Grilo* e *Eudemo,* ou *Sobre a alma* (Reale, 1997).

Em 347 a.C., com a morte de Platão, Aristóteles deixou Atenas e passou a ser preceptor de Alexandre, o Grande, atividade que exerceu por três anos. Em 335-334 a.C., quando o conquistador macedônico dominou a situação política da Grécia, Aristóteles voltou a Atenas e fundou sua escola, o Liceu. Estava, na época, com 50 anos e era um homem famoso e reconhecido como um pensador sério em todo o mundo grego.

Aristóteles dirigiu o Liceu por 12 anos, período em que ocorreu a sistematização de suas lições. Compostos, provavelmente, para uso interno do Liceu, os tratados de Aristóteles tiveram grande repercussão, fenômeno que se perpetua até os dias atuais.

O trabalho desenvolvido por Aristóteles contrastava com o de filósofos anteriores a ele, inclusive Platão, principalmente por sua ênfase na pesquisa e na lógica indutiva. Seu método tinha como primeiro passo um levantamento exaustivo das provas existentes, tanto das físicas quanto das escritas. Mais tarde, os dados obtidos eram codificados pelos princípios da lógica e só depois o pesquisador propunha suas conclusões. Esse método poderia ser aplicado tanto para o estudo de objetos físicos (como os animais) quanto para construções humanas (como peças teatrais) e abstrações (como a ética) (McLeish, 2000).

O tempo em que dirigiu o Liceu foi também o momento de maior produção de Aristóteles. Com a morte de Alexandre e a reação de Atenas ao domínio macedônico, em 323 a.C., Aristóteles sentiu-se ameaçado e deixou a cidade, refugiando-se em Cálcis, onde sua mãe tinha propriedades. Ali faleceu um ano depois.

(2.2) A *Poética*

A *Poética*, tratado aristotélico dedicado ao estudo das ARTES POÉTICAS, data, provavelmente, de 335 a.C. Ela nos chegou em grande estado de mutilação: apenas 26 capítulos sobreviveram ao tempo, os quais correspondem a aproximadamente metade da obra original. Especula-se a existência de um segundo livro, dedicado ao estudo da comédia, mas, caso realmente tenha sido escrito, hoje se encontra irremediavelmente perdido[a]. Os 26 capítulos que compõem o texto conhecido influenciaram de forma decisiva os estudos literários até os dias atuais. Já na Roma Antiga, Horácio (65-8 a.C.) e Longino (213-273 d.C.) admiraram o trabalho de Aristóteles. Houve versões parciais do texto que circularam durante a Idade Média, como é possível perceber por meio do seguinte trecho:

> No início do século XIII o conjunto da obra de Aristóteles é conhecido. Algumas traduções lógicas de Boécio, durante muito tempo perdidas, são encontradas (Primeiros analíticos, Tópicos, Refutações sofísticas); com a tradução dos Segundos Analíticos, por Tiago de Veneza (c. 1125-1150), esses textos passaram a chamar-se Lógica nova. Os Libri naturales – sobretudo a Física, o De anima, o De caelo e a Metafísica – estão disponíveis. Os escritos biológicos também. (Libera, 2004, p. 360)

A *Poética* passou a ser mais conhecida na Europa a partir do século XVI, quando foi traduzida, comentada e interpretada pelos humanistas italianos do Renascimento.

O texto da *Poética* parece ser um conjunto de anotações que podem ter sido feitas para as aulas ministradas por Aristóteles no Liceu. Os capítulos são pequenos resumos às vezes não muito claros, o que dificulta a leitura, e deram origem a uma extensa cadeia de debates ao longo dos séculos a respeito da interpretação dos conceitos ali propostos. Os capítulos estão ordenados da seguinte maneira:

- apresentação, uma introdução geral sobre a essência da poesia, seus diferentes gêneros, suas origens psicológicas e a história de seus inícios (capítulos I a V);
- uma teoria incompleta da tragédia (capítulos VI a XXIII);
- fragmentos de uma teoria da epopeia (capítulos XXIII e XXIV);

---

a. É interessante lembrar que, em seu livro *O nome da rosa*, Umberto Eco (2011) cria uma história na qual o último manuscrito da *Comédia* estaria escondido em um mosteiro medieval e teria sido guardado por um bibliotecário que envenenara suas páginas. Assim, após folhear as páginas desse livro "proibido", seus leitores morreriam.

- questões diversas brevemente tratadas (capítulo XXV);
- uma comparação entre a epopeia e a tragédia (capítulo XXVI) – Aristóteles, [1969?].

Antes de analisar o que há de mais importante nesse texto, é interessante entender melhor seu título. *Poética* vem do grego *poiesis*, que significa "produção, criação, passagem do estado de não ser para o estado de ser". Segundo Reale (1997), as ciências poéticas ou ciências produtivas ensinam a fazer coisas, isto é, ensinam a TÉCNICA, termo relacionado à poética. Porém, o objetivo da técnica aqui não é a utilidade pragmática, pois o objeto criado segue outro destino, que será explorado na seção dedicada ao conteúdo do texto aristotélico.

Aristóteles abre a *Poética* anunciando seus objetivos: ele pretende falar da natureza da produção poética, de seus diversos gêneros e da função de cada um deles. O que ele busca, portanto, é definir o que é a produção poética, as formas variadas em que se apresenta e sua finalidade.

O filósofo se detém em apresentar com mais detalhe dois gêneros poéticos, a tragédia e a epopeia, e também anuncia, nos primeiros capítulos, seu intento de abordar como se deve construir a fábula (enredo) a fim de se obter o belo poético e descrever o número e a natureza de suas diversas partes.

Colocados seus objetivos, Aristóteles passa para o conceito que é a pedra fundamental de seus textos e, talvez, dos estudos literários: a *mimese*. Diz ele: "Seguindo a ordem natural, começaremos pelas mais importantes. A epopeia e a poesia trágica e também a comédia, a poesia ditirâmbica, a maior parte da aulética e da citarística, consideradas em geral, todas se enquadram nas artes de imitação" (Aristóteles, 1966, p. 239).

O conceito de mimese, apresentado de forma breve no capítulo anterior, foi interpretado de diferentes maneiras ao longo do tempo. Ainda nos dias atuais, não é ponto pacífico na teoria da literatura, justamente porque a natureza da literatura, como foi visto, também não é ponto pacífico entre os teóricos, suscitando inúmeras interpretações diferentes. No entanto, é preciso lembrar que, para Aristóteles, o que define a natureza da arte poética é, de modo equânime, seu caráter mimético ou representacional, como será apresentado a seguir.

(2.3) Mimese (*mimesis*)

A palavra *mimese* ou, no original grego, *mimesis*, é um desafio à tradução. É bastante comum encontrá-la traduzida pela palavra *imitação*, mas os termos *representação* e *simulação* também são bastante utilizados. Sua tradução como *imitação*, atualmente, cria a ressalva de que não se trata de entender a arte poética como uma simples reprodução da realidade, conforme foi discutido no primeiro capítulo desta obra.

A concepção de Aristóteles na *Poética* é de que a relação da mimese com a realidade evoca a ação de transmitir, por meio de um ato de representação artística, ideias a um receptor, levando-o a realizar associações entre o que está sendo apresentado e suas experiências prévias de vida.

Nesse sentido, a mimese, segundo Aristóteles, implica não apenas as semelhanças entre o OBJETO representado e o SIGNO que o representa, mas também as diferenças entre essas duas instâncias. Aliás, as distinções exigem mais atenção do espectador (ou do leitor) para o caráter estético da representação do que as semelhanças, fazendo-o participar da experiência de fruição de uma obra de arte. No quinto capítulo deste livro, essa questão será retomada e explicada de forma mais detalhada.

McLeish (2000, p. 19) afirma:

> As artes envolvem consistentemente uma relação de três vias: entre artista, espectador e obra de arte. Eu crio minha escultura, minha música ou meu poema baseando-me em minha própria necessidade criativa, e também para relacioná-la com você; sua resposta a relaciona com você mesmo e comigo, a cumplicidade é estabelecida e é essencial. [...] O criador convida o espectador a se envolver com um desempenho, uma mimesis da realidade e, portanto, por delegação, com a própria realidade.

A mimese, como representação da realidade, está ligada a um tipo de envolvimento que pressupõe reconhecimento e também conhecimento, pois o que é revelado ao receptor amplia sua consciência e suas experiências.

Na literatura, a mimese é composta por elementos estruturais definidos. Entre eles, o mais destacado por Aristóteles é o *mythos* (conjunto organizado de ações, que é o próprio objeto da representação). Além disso, a mimese é presidida pela verossimilhança, que a liberta do terreno do verdadeiro para colocá-la no terreno do possível, como será explicado mais à frente.

(2.4) Gêneros poéticos

A questão dos gêneros poéticos será tratada com profundidade nos sétimo e oitavo capítulos deste livro. Neste capítulo, serão apresentadas apenas as principais concepções de Aristóteles sobre o assunto.

Ainda no primeiro capítulo da *Poética*, Aristóteles fala da existência de uma variedade de gêneros poéticos. Se todos têm em comum ser miméticos, o que os diferenciaria? O filósofo estabelece três critérios – já apresentados brevemente no capítulo anterior –, com os quais procura explicar a diferença entre os gêneros literários. O primeiro critério, relacionado ao MEIO utilizado pelo gênero, está centrado, sobretudo, no tipo de verso utilizado na composição poética. O segundo critério, ligado ao OBJETO do gênero, tem como foco as ações representadas, diferenciando-as em ação de homens superiores e ação de homens inferiores. Por fim, o terceiro critério é ligado ao MODO de apresentação, em que a presença de um narrador ou a apresentação exclusiva por meio de diálogos ou a mistura de ambos os modos cria a diferença entre os gêneros poéticos.

Os três critérios, assim apresentados nos primeiros capítulos da *Poética*, estabelecem as principais diferenças e semelhanças entre os gêneros abordados: a tragédia, a comédia e a epopeia. Além disso, é importante ressaltar que a maior parte da obra é dedicada ao estudo da tragédia.

(2.5) Origem da poesia

Ao buscar os motivos pelos quais os seres humanos produzem textos poéticos ou se comprazem em recebê-los como leitores e espectadores, Aristóteles afirma que a TENDÊNCIA À IMITAÇÃO é instintiva no ser humano, isto é, tem base biológica. Para o estagirita, por meio da imitação o homem adquire seus primeiros conhecimentos e experimenta o prazer. A referida tendência humana manifesta-se tanto na produção quanto na recepção das representações artísticas e literárias.

A afinidade com a representação está vinculada a outra tendência natural do homem: a AQUISIÇÃO DE CONHECIMENTO. Essa tendência, segundo Aristóteles, arrebata todos os homens, não só os filósofos. Ele ainda afirma que os homens

> *sentem prazer em olhar essas imagens, cuja vista os instrui e os induz a discorrer sobre cada uma delas e a discernir aí fulano ou sicrano. Se acontece de alguém não ter visto ainda o original, não é a imitação que produz o prazer, mas a perfeita execução, ou a cor, ou a causa do mesmo gênero. Como nos é natural a tendência à imitação, bem como o gosto da harmonia e do ritmo, na origem os homens mais aptos por natureza para estes exercícios foram dando origem à poesia por suas improvisações.* (Aristóteles, [1969?], p. 244)

O prazer para o qual a representação aponta é um prazer de reconhecimento, ou seja, um prazer intelectual. Ele se restringe não apenas a reconhecer o que é representado, como deixa claro a citação anterior. A maneira como a representação é executada, isto é, a técnica empregada na composição artística, também exerce um papel importante na produção do efeito da obra sobre aquele que com ela se envolve.

(2.6) Verossimilhança

O conceito de verossimilhança é fundamental para a compreensão do conceito de mimese. No capítulo IX da *Poética*, Aristóteles compara poesia e história, buscando diferenciar os dois discursos. Diz ele:

> *Pelo que atrás ficou dito, é evidente que não compete ao poeta narrar exatamente o que aconteceu; mas sim o que poderia ter acontecido, o possível, segundo a* VEROSSIMILHANÇA *ou a* NECESSIDADE. *O historiador e o poeta não se distinguem um do outro pelo fato de o primeiro escrever em prosa e o segundo em verso. Diferem entre si, porque um escreveu o que aconteceu e o outro o que poderia ter acontecido. Por tal motivo a poesia é mais filosófica e de caráter mais elevado que a História, porque a poesia permaneceu no universal e a História estuda apenas o particular. O universal é o que tal categoria de homens diz ou faz em tais circunstâncias, segundo o verossímil e o necessário.* (Aristóteles, [1969?], p. 252, grifo nosso)

Com base na distinção entre a função do poeta e a função do historiador, é possível compreender, então, que Aristóteles estabelece a condição do verossímil e do necessário para o discurso poético, garantindo seu caráter ficcional. Em outras palavras, a mimese deve ser regida pelas leis da verossimilhança e da necessidade, e não pelo compromisso com a cópia da realidade.

A reprodução das ações, no texto poético, deve se dar de forma COERENTE. As ações devem surgir vinculadas e conexas de modo perfeitamente unitário, "como se integrassem um organismo em que cada uma das partes tem o seu sentido em função do todo de que é parte" (Aristóteles, [1969?]). É justamente a coerência, a interconexão entre as ações, que produz a verossimilhança. O discurso poético deve ser convincente, mesmo quando se afasta do real e apresenta o maravilhoso ou o fantástico; em poucos termos, para ser convincente, ele não pode cair na incoerência.

A distinção entre verossimilhança externa e verossimilhança interna contribui para o entendimento do processo de criação mimética. Conforme Costa (2001, p. 74),

> *a verossimilhança externa remete a indicadores exteriores à própria obra, como a pré-compreensão do que sejam as ações na realidade histórica, pelo autor e pelo receptor. A verossimilhança interna preside a seleção e a organização do material do mito e corresponde à lógica da aparência e da persuasão, à probabilidade estatística e ao encadeamento causal e necessário das partes que integram a composição mimética.*

Essa distinção libera ainda mais o texto de sua relação com o histórico e enfatiza a capacidade de CRIAÇÃO do autor literário, o que pode ser confirmado pela comparação que Aristóteles faz do poeta como um "fabricador de fábulas", acima de tudo.

(2.7) Catarse

A palavra *catarse* designa o que Aristóteles identifica como o efeito provocado pela poesia sobre aquele que a recebe. A catarse poderia ser compreendida como a propriedade do texto literário de, mediante a criação de situações humanas intensas, promover uma espécie de PURIFICAÇÃO OU ESCLARECIMENTO RACIONAL DAS PAIXÕES. Porém, a compreensão do termo não é ponto pacífico.

Para alguns, o filósofo falava em purificação das paixões em um sentido moral, de sublimação, isto é, de transformação das emoções eliminando aquelas consideradas piores.

Outros entendem a catarse aristotélica como uma ação de descarga simples de emoção, enfatizando um aspecto fisiológico ou psicológico, uma libertação das paixões. A arte, nesse caso, não imporia um peso aos indivíduos, mas os aliviaria da emotividade. Nessa interpretação, o tipo de emoção que a literatura proporciona não os prejudicaria, e sim os ajudaria, de algum modo, a restituir a saúde psíquica.

(2.8) Fábula (*mythos*)

O termo *fábula*[b] (*mythos*, em grego) é geralmente entendido como *enredo*, mas, na verdade, é mais abrangente e designa um conjunto de AÇÕES organizado de modo a formar um ENUNCIADO ARTÍSTICO COERENTE E CONVINCENTE, isto é, regido pelas leis da verossimilhança e da necessidade.

A fábula pode estar centrada no enredo – isto é, na sequência de eventos descritos – e incorporar a escrita desses eventos, o arranjo feito pelo autor do material para delinear temas, sugerir questões e criar efeitos. Aristóteles, sobre o *mythos* (fábula), fala de adequação, coerência, complicação e desenlace.

Aristóteles dedica muitos capítulos da *Poética* – todos eles referentes à teoria da tragédia – ao estudo da fábula. No entanto, é possível entender suas observações como aplicáveis aos outros gêneros poéticos, que também são construídos com base na mimese de ações. Em outras palavras, mesmo em se tratando de tragédia, é possível extrapolar as considerações a respeito da fábula para outros gêneros, como a comédia e a epopeia, o que é feito ligeiramente pelo próprio Aristóteles.

Agora, serão apresentados os principais aspectos sobre a fábula destacados na *Poética* e a proposta aristotélica mais geral sobre o assunto.

---

b. A tradução da *Poética* usada como referência neste capítulo traduz a palavra *mythos* como "fábula".

Da extensão da ação

Aristóteles postula que a apresentação de uma ação deve ser completa, de maneira a formar um todo que tem início, meio e fim, além de certa extensão. É importante que a fábula não comece nem termine ao acaso e apresente organização de suas partes.

Para o filósofo grego, a extensão adequada permite que os acontecimentos ocorram em acordo com a verossimilhança e a necessidade, ou seja, que a personagem passe da felicidade ao infortúnio ou do infortúnio à felicidade.

Essa ideia da passagem de um estado para o outro pode ser aplicada aos mais variados enredos, não só aos trágicos. Nesse caso, é a mudança de estado que é considerada; assim, não é necessário que a mudança ocorra da felicidade para a infelicidade, tal como postulou Aristóteles (1966).

Unidade de ação

Para Aristóteles, todas as partes que compõem o enredo devem estar fortemente interligadas. É conveniente que a mimese seja una e total e que as partes sejam tão entrosadas que "baste a suspensão ou deslocamento de uma só para que o conjunto fique modificado ou confundido, pois os fatos que livremente podemos ajuntar ou não, sem que o assunto fique sensivelmente modificado, não constituem parte integrante do todo" (Aristóteles, 1966, p. 251).

Tipos de ação

Aristóteles classificou as fábulas conforme o tipo de ação representada:

- Ação SIMPLES – Fábulas que apresentam desenvolvimento uno e contínuo e cuja mudança não depende nem de peripécia, nem de reconhecimento.
- Ação COMPLEXA – Fábulas em que a mudança de fortuna (sorte) é resultado de peripécia e/ou reconhecimento, que devem estar ligados à própria tessitura da fábula, "de maneira que pareçam resultar, necessária e verossimilmente, dos fatos anteriores, pois

grande é a diferença entre acontecimentos sobrevindos por causa de tais outros, ou simplesmente depois de tais outros" (Aristóteles, 1966, p. 255).

Elementos da ação complexa

Sobre os elementos da ação complexa, Aristóteles fez a seguinte classificação:

- Peripécia – "É mudança da ação no sentido contrário ao que foi indicado, em conformidade com o verossímil e o necessário" (Aristóteles, 1966, p. 255). A peripécia aparece vinculada à mudança de sorte do herói ou de estado de coisas. Com ela, a configuração da ação é alterada.
- Reconhecimento – É a passagem da ignorância ao conhecimento. A personagem, que antes desconhecia a verdade, vê-se diante dela e a reconhece.
- Patético (catástrofe) – Ação representada que provoca morte ou sofrimento, como as mortes cometidas em cena, os ferimentos etc.

Segundo Aristóteles, há ainda os conceitos de nó e desenlace, que são fundamentais para entender a estrutura da fábula. O conceito de nó está na base do conceito de conflito (complicação). Para ele, nó é a parte da tragédia que se desenrola do início até o ponto a partir do qual se produz a mudança de sorte ou de fortuna. O nó seria, então, o conjunto de ações que construiria a complicação, o problema apresentado pela fábula. Já o desenlace se estende do princípio da mudança até o fim dela, isto é, até a solução da complicação, que pode ser positiva ou negativa (Aristóteles, 1966).

Essas são as considerações feitas por Aristóteles sobre as fábulas trágicas, mas é possível utilizá-las também para analisar outras fábulas. Pode-se, com essas categorias, analisar o enredo de uma comédia, de uma epopeia ou até mesmo de um conto ou romance.

Em relação à tragédia, Aristóteles apresentou outros elementos importantes que podem ser aplicados aos demais gêneros poéticos miméticos: caracteres, pensamento e elocução. Esses aspectos, combinados, dizem respeito à construção da personagem.

Aristóteles não concebe a construção das personagens apartada da fábula, pois, para ele, a literatura representa ações, ou seja, personagens em ação. Ele não deixou de reconhecer, porém, que as personagens são dotadas de traços que as qualificam, que lhes conferem caráter ou, como afirmou, caracteres. Aristóteles se pronunciou a esse respeito em alguns capítulos da *Poética*.

A personagem terá caráter quando suas palavras ou ações revelarem escolha premeditada. Seu caráter será bom se a sua escolha for boa. Outros pontos relevantes para a construção dos caracteres das personagens são a CONFORMIDADE, a SEMELHANÇA e a COERÊNCIA.

Com relação à conformidade, o exemplo de Aristóteles diz respeito ao caráter viril. O filósofo afirma que a coragem dessa espécie não estaria de acordo, por exemplo, com uma personagem feminina[c]. Para Aristóteles, como se viu, as personagens devem estar sempre em conformidade com o verossímil e o necessário, mas seu ponto de vista era sobre a verossimilhança e necessidade adequadas ao seu tempo, aos padrões culturais de sua época (Aristóteles, 1966, p. 255).

Pensamento e elocução estão intimamente ligados, já que, para conhecer o pensamento, é preciso conhecer também a elocução. As falas das personagens (elocução) expressam seus pensamentos. Ambos os elementos estão sujeitos também às leis da necessidade e da verossimilhança propostas por Aristóteles e, juntos, ajudam a compor os caracteres das personagens e o andamento das ações executadas por elas.

Como já foi dito, a maior parte da *Poética* é dedicada ao estudo da tragédia, e apenas os capítulos finais abordam rapidamente as características da epopeia, comparando-a com a tragédia. No entanto, muito do que foi desenvolvido por Aristóteles nesses capítulos ajuda o

---

c. Evidentemente, essa concepção remete à visão de mundo que predominava à época de Aristóteles. A literatura contemporânea, em contrapartida, conta com inúmeros personagens femininos dotados de qualidades que Aristóteles consideraria "viris", o que não contradiz a verossimilhança de tais obras.

leitor a pensar o texto literário em geral, sobretudo os que apresentam, como indica o autor, um conjunto de ações organizadas em um todo.

Conhecer o pensamento de Aristóteles é fundamental para o desenvolvimento de estudos a respeito do texto literário, apesar de o autor não ter teorizado sobre a literatura em si. A terminologia *literatura* e seu conceito vieram a surgir apenas no século XVII.

Atividades

1. Os principais objetivos da *Poética*, conforme apresenta Aristóteles no primeiro capítulo da obra, são:
   a) estabelecer uma diferença entre os gêneros miméticos e os gêneros não miméticos.
   b) relatar os principais mitos gregos que serviram de material para a escrita das tragédias.
   c) apresentar os principais gêneros poéticos e suas funções, além de falar da natureza da produção poética.
   d) descrever o texto épico, apresentando suas principais características.
   e) descrever o texto lírico, apresentando suas principais características.

2. Quanto às causas da origem da poesia, é correto afirmar que Aristóteles:
   a) estabelece uma relação entre a origem da poesia e a tendência instintiva do ser humano à imitação.
   b) não consegue apontar qualquer motivo para a existência da criação poética.
   c) afirma que só os poetas são dotados da capacidade de imitação.
   d) observa que a origem da poesia está vinculada exclusivamente ao prazer que ela proporciona ao receptor.
   e) observa que a origem da poesia está vinculada exclusivamente à sua capacidade de ampliar os conhecimentos do receptor.

3. A mimese é regida pelas leis da verossimilhança e da necessidade. Isso significa que:
   a) a literatura tem um compromisso com a realidade, e o poeta deve se limitar a apresentar fatos historicamente comprovados.
   b) o cumprimento das leis da verossimilhança e da necessidade confere um valor maior à literatura, mas não a libera de seu compromisso com a verdade histórica.
   c) o autor literário (poeta) exerce a mesma função de um historiador: ele é um construtor de fábulas, por isso exerce uma importante função social.
   d) o autor literário tem a liberdade de criar histórias e não tem compromisso com a realidade histórica, desde que construa um texto em que as ações representadas sejam apresentadas de forma coerente e verossímil.
   e) embora tenha liberdade de criar histórias, o escritor jamais deve esquecer seu compromisso com a realidade histórica.

4. Assinale a alternativa correta:
   a) A catarse, segundo Aristóteles, tem uma importância psicológica e terapêutica, pois auxilia o leitor a trabalhar emoções represadas.
   b) A catarse é o processo de identificação que ocorre entre o autor e o leitor ou espectador, isto é, ela só ocorre quando este último consegue identificar, na criação poética, elementos idênticos às suas experiências pessoais.
   c) Não existe divergência entre os teóricos quanto ao sentido conferido por Aristóteles ao termo *catarse*. Todos concordam que ela é uma espécie de sublimação de emoções nocivas aos seres humanos.

d) A catarse, segundo Aristóteles, não depende da participação do leitor ou espectador e só pode ser encontrada em criações poéticas de qualidade.

e) A catarse, segundo Aristóteles, é um efeito literário previsto pela própria fábula, responsável por levar o leitor a uma experiência de descarga emotiva.

5. Complete as lacunas do texto a seguir e, em seguida, indique a alternativa que corresponde à ordem correta das palavras empregadas:

Aristóteles salienta a importância da _____ nas construções poéticas, pois para ele a mimese se define como representação de _____. As _____ podem ser constituídas de _____ ou de _____ quando apresentam _____ e _____.

a) ação; fábulas; ações; ação simples; ação complexa; peripécia; reconhecimento.
b) fábula; ações; fábulas; ação simples; ação complexa; peripécia; reconhecimento.
c) ação simples; ações; fábulas; ação complexa; ação simples; peripécia; reconhecimento.
d) peripécia; ações complexas; fábulas; ação complexa; ações simples; reconhecimento; peripécia.
e) ação complexa; fábulas; ações; ação simples; ação complexa; peripécia; ação.

(3)

Teoria da literatura:
conceito e importância

Maria Alice da Silva Braga é formada em Letras, tem mestrado em Teoria da Literatura e doutorado em Crítica Genética pela Pontifícia Universidade Católica do Rio Grande do Sul (PUCRS). É professora de Língua Portuguesa e Literatura Brasileira da Universidade Luterana do Brasil (Ulbra), campi *Canoas e Guaíba, no Rio Grande do Sul. Na mesma universidade, trabalha nos cursos a distância no campus de Canoas. Orienta trabalhos de conclusão de curso, bem como monografias do curso de especialização. É autora de vários artigos e de capítulos em obras como: "Erico Verissimo: provinciano e universal", "Mário Quintana: ironia, cotidiano e lirismo" e "A narrativa literária: novos rumos", todos publicados pela editora da Ulbra. Já trabalhou com acervos literários, foi pesquisadora e participou da organização do acervo do escritor sul-rio-grandense Manoelito de Ornellas, hoje um dos acervos que integra o Delfos: Espaço de Documentação e Memória Cultural, localizado no campus da PUCRS.*

Maria Alice da Silva Braga

O capítulo anterior abordou como Aristóteles foi importante para o surgimento de uma reflexão acadêmica em torno do que, posteriormente, foi chamado de *literatura*. Suas ideias inspiraram inúmeros estudos posteriores sobre as obras literárias. Aristóteles, ainda no século V a.C., situava esses estudos em uma área de conhecimento denominada *poética*.

Em sua obra *Retórica* (Aristóteles, 2000), o filósofo também forneceu alguns subsídios teóricos que mais tarde serviram para estudos literários. Nos últimos séculos, contudo, a Poética e a Retórica deixaram paulatinamente de ser as disciplinas encarregadas dos estudos literários. Hoje, a maior parte dos estudos acadêmicos sobre a literatura é realizada no âmbito de uma disciplina que se convencionou chamar TEORIA DA LITERATURA ou TEORIA LITERÁRIA.

(3.1) Conceito

Conforme o teórico português Victor Manuel de Aguiar e Silva, em sua clássica obra *Teoria da literatura* (Silva, 1973), o conceito de teoria da literatura envolve a definição do termo *literatura* desde os primórdios desse campo do conhecimento. Nessa perspectiva, de acordo com o autor citado,

> *A história da evolução semântica da palavra imediatamente nos revela a dificuldade de estabelecer um conceito incontroverso de literatura. [...] nos interessa o [sentido] de literatura como atividade estética, e, consequentemente, como os produtos, as obras daí resultantes. Não cedamos, porém, à ilusão de tentar definir por meio de uma breve fórmula a natureza e o âmbito da literatura, pois tais fórmulas, muitas vezes inexatas, são sempre insuficientes.* (Silva, 1973, p. 25)

Não é possível afirmar que há de fato um consenso entre os teóricos sobre o conceito de literatura, assim como não é possível definir a teoria da literatura sem entender o fenômeno literário.

As reflexões acerca da natureza e das características dos textos literários ocorrem desde Aristóteles, contribuindo efetivamente para estudos posteriores, pois inspiraram, nos séculos XVI, XVII e XVIII, vários tratados de poética e retórica escritos pelos românticos e realistas, que forneceram rico material para reflexões sobre o discurso literário.

Bem mais tarde, os estudos referentes à linguagem literária se desenvolveram mais fortemente, sobretudo com os autores simbolistas e pós-simbolistas e os movimentos de crítica literária como o formalismo russo e o *new criticism* norte-americano.

Hoje, a natureza da literatura ainda é a base da teoria e da crítica literárias. Com a publicação da obra *Teoria da literatura e metodologia dos estudos literários*, de René Wellek e Austin Warren, em 1942 (Wellek;

Warren, 2003), a expressão *teoria da literatura* passou a se propagar e ser usada para definir o que atualmente é concebido como a disciplina que investiga a literatura.

Na mesma medida em que a expressão se generalizou, as áreas da poética, da história da literatura, da crítica literária, da estética e da retórica passaram a perder espaço como campos de conhecimento e de discussão sobre a literatura (Wellek; Warren, 2003).

Segundo os estudos de Silva (1973), a obra literária constitui um modo de mensagem verbal; no entanto, a principal dificuldade está em diferenciar a linguagem literária da linguagem não literária, pois os leitores sempre desejam saber quando uma mensagem deve ser considerada uma verdadeira manifestação da literatura, à revelia de qualquer juízo de valor.

A *teoria da literatura*, segundo o teórico Roberto Acízelo de Souza (2004), em sua obra homônima, é uma modalidade histórica e conceitualmente distinta de problematização da literatura, de maneira metódica e aberta aos vários olhares da produção literária, assim como aos seus modelos de análise.

Sob essa perspectiva, a teoria da literatura pode ser estudada mediante uma postura que visa estabelecer normas para orientar a produção literária e sua avaliação crítica. Assim, a Retórica e a Poética, duas disciplinas surgidas na Grécia clássica e, portanto, as mais antigas na área, podem servir de base para os estudos literários.

(3.2) Retórica e poética: breve histórico

A RETÓRICA surgiu no século V a.C. com o objetivo de sistematizar recursos a fim de tornar a argumentação por meio da palavra mais eficiente. Ao longo da história, entretanto, a retórica passou a restringir sua área de atuação, unindo-se à poética. Desse modo, rompeu-se com a ideia inicial de instrumentalizar os oradores para a persuasão por meio da palavra oral.

A retórica, então, passou a fixar-se na palavra escrita e na operação da elocução, da qual se originam as figuras de estilo ou de linguagem (metáfora, metonímia, paradoxo, ironia, catacrese etc.). A retórica foi bastante prestigiada na Antiguidade, na Idade Média e no período clássico moderno, enfraquecendo aos poucos no final do século XVIII, quando o romantismo começou a vigorar. Desde então, não houve mais lugar para o caráter disciplinado e mecânico da linguagem retórica.

A POÉTICA também surgiu na Grécia clássica e teve como modelo sistemático padrão a *Poética* de Aristóteles[a]. Embora relacionadas, a retórica refere-se à oratória e ao raciocínio, enquanto a poética abrange o que mais tarde foi chamado de *literatura*.

Houve uma confluência entre a retórica e a poética que permaneceu até o século XV, período em que a poética reassumiu sua autonomia, surgindo, então, a diferença entre a retórica geral e a retórica poética. No entanto, o mais importante reside no caráter normativo de ambas as áreas: as duas fixavam normas para a produção do texto literário bem como para sua avaliação. A poética entrou em declínio com o advento do romantismo, o qual passou a discutir ideias opostas àquelas do período clássico.

Na Antiguidade Clássica ou mesmo no período clássico moderno, o objeto da poética era a poesia no sentido de linguagem em metro, enquanto a prosa ficou por conta da retórica. No entanto, com o movimento romântico, a poética, termo que deriva de *poesia*[b], entrou

---

a. Sobre esse assunto, vale a pena retomar brevemente alguns termos apresentados no Capítulo 2. A mimese, consiste na imitação ou na representação; a verossimilhança é a propriedade de engendrar situações novas, coerentes e necessárias à obra, dotadas não de verdade absoluta, mas de coerência com o princípio estrutural adotado; a catarse é a criação de situações humanas comoventes que promovem a purificação racional de sentimentos e paixões; e os gêneros literários permitem distinguir a tragédia, a comédia e a epopeia.

b. Poesia: "gênero de literatura caracterizado pelo uso do verso, da linguagem metrificada, oposto ao gênero chamado prosa; literatura em geral [com] propriedades ditas artísticas e/ou ficcionais, por oposição às demais obras escritas – científicas ou técnicas – destituídas de tais propriedades; fato, paisagem, manifestação artística, situação existencial etc., dotados de aparência considerada bela ou comovente" (Souza, 2004, p. 25).

em declínio, pois os conceitos de mimese, verossimilhança e catarse eram associados ao Classicismo.

Somente no final do século XIX e início do XX o termo *poética* voltou a circular, mas com outro significado: o de literatura em geral, abrangendo a escrita metrificada ou não – um conjunto em prosa ou em verso, com ou sem traços artísticos.

(3.3) Formação da teoria da literatura

Até o momento, foi apresentado um significado muito amplo para a teoria da literatura. Agora, é necessário demonstrar traços que definam *teoria da literatura* em um sentido mais estrito.

De acordo com Compagnon (1999, p. 24), a teoria literária constitui-se em uma organização "opositiva e se apresenta mais como uma crítica da ideologia, compreendendo aí a crítica da teoria da literatura: é ela que afirma que temos sempre uma teoria e que, se pensamos não tê-la, é porque dependemos da teoria dominante num dado lugar e num dado momento".

A teoria literária passou a existir no momento em que a leitura dos textos literários fundamentou-se nas modalidades de produção de sentido e de valor. Então, empregar as expressões *teoria da literatura* ou *teoria literária*, para o teórico francês Compagnon, significa dizer que a primeira nos leva à reflexão sobre as noções gerais, os princípios e os critérios, enquanto a segunda nos conduz à crítica, ao bom senso literário e à referência ao formalismo. A teoria constitui-se na própria reflexão, no fazer cético e desconfiado – é uma escola de ironia, segundo Compagnon (1999). Deve ser ressaltado que todo estudo sobre o literário é passível de questionamentos e de exames constantes das bases que o norteiam.

Entre os séculos XIX e XX, o cenário da teoria da literatura apresentava alguns dos seguintes aspectos:

- Era uma pesquisa historicista, com pretensões científicas, que objetivava a explicação da literatura por meio de causas externas,

as quais seriam determinantes da literatura e poderiam ser identificadas com o escritor (vida e personalidade) ou com o meio social da obra.
- Constituía-se em um tipo de pesquisa histórica que procurava estabelecer e explicar textos com base na fontes fundamentais das obras, assim como nos fatos da língua e da gramática, em especial os de natureza histórica;
- Apresentava uma postura que buscava a fruição da leitura e a emissão de juízos de valor a partir da sensibilidade e das impressões pessoais, o impressionismo crítico ou a crítica impressionista.

Nesse período, iniciava-se a crise do historicismo – que tentava explicar a natureza e a sociedade sob o ponto de vista da história – e do positivismo – que pregava a neutralidade e a objetividade da ciência. Ao mesmo tempo, outros fatores contribuíram para alterar o cenário intelectual: a fenomenologia desenvolveu-se para além da filosofia, expandindo-se para as ciências humanas; surgiu o gestaltismo; a linguística estrutural assumiu os primeiros traços e surgiram as vanguardas artísticas (futurismo, cubismo, expressionismo, dadaísmo, surrealismo). Tudo isso veio mostrar que a literatura, como arte, consistia principalmente em pesquisas de linguagem.

Nessa perspectiva, as primeiras décadas do século XX foram marcadas pelo desenvolvimento dos estudos literários em diferentes centros culturais e universitários, gerando novas correntes de investigação da literatura, como: a estilística (Alemanha, Suíça, Espanha); o formalismo russo; a escola morfológica alemã; a nova crítica anglo-americana; e a fenomenologia dos estratos, de Roman Ingarden (1893-1970). Todas essas correntes conceberam seus estudos de literatura em oposição ao que se afirmava no século XIX e priorizaram a investigação do texto literário. De acordo com Souza (2004, p. 35), a literatura passou a ser entendida "como um arranjo especial da linguagem cujas articulações e organização podem ser descritas e explicadas na sua imanência, isto é, segundo sua coerência interna".

Essas correntes se chocam com o modelo filológico, pois este tem sua base metodológica muito distante da literatura. Para entender melhor, cabe estudar o significado de *filologia*, termo que remete a uma ciência histórica bastante antiga, mas que ainda suscita divergências conceituais. Ela estuda o grau de conhecimento de um povo, em dado momento de sua história, por meio de suas manifestações literárias, isto é, tem como função interpretar o pensamento e a cultura de um povo por meio de seus documentos escritos.

Sobre a filologia, Souza (2004, p. 37) destaca que,

se para o modelo filológico o problema de estabelecer, explicar e determinar fontes e influências é basicamente o mesmo quer se trate de um poema, um romance ou uma tragédia, quer se trate de obra de natureza pragmática, científica ou filosófica, para as correntes mencionadas, que se preocupam com o texto na sua coerência interna, só há interesse [...] no poema, no romance e na tragédia. Para elas, portanto, ao contrário do que ocorre no modelo filológico, é fundamental estabelecer-se um critério que possa recortar, no conjunto da produção escrita, um âmbito mais reduzido, constituído apenas por aquelas obras dotadas de propriedades consideradas artísticas, ficcionais, poéticas ou literárias em sentido estrito.

Pelo exposto neste capítulo, percebe-se que todas as correntes surgidas nas primeiras décadas do século XX procuraram uma crítica mais objetiva, com métodos específicos de avaliação da produção literária.

A expressão *teoria da literatura* passou a designar uma renovação de método, oposta às contribuições do século XIX, representada pela história da literatura ou crítica literária. Esse é o tema do próximo capítulo, no qual será demonstrada com mais detalhes a diferença entre crítica e história literária.

Atividades

1. Assinale a alternativa que contém a definição de *teoria da literatura* segundo Souza (2004):

a) Trata-se de uma modalidade histórica e conceitualmente distinta de problematizar a literatura, de maneira metódica e aberta aos vários olhares da produção literária, assim como a seus modelos de análise.
b) Constitui-se de uma modalidade atemporal de literatura, de maneira metódica e aberta aos vários olhares da produção literária.
c) Trata-se de vários olhares da produção literária, assim como de seus modelos de análise.
d) Refere-se à produção literária, em todos os tempos, independente dos seus modelos de análise.
e) Refere-se à produção literária independente dos seus modelos de análise ou de crítica.

2. De acordo com Compagnon (1999), a teoria literária constitui-se em uma organização:
   a) crítica da ideologia, com uma teoria dominante em dado lugar e em dado momento.
   b) opositiva, sendo, pois, uma teoria dominante em dado lugar e em dado momento.
   c) opositiva, apresentando-se como uma crítica da ideologia, compreendendo a crítica da teoria da literatura, havendo sempre uma teoria ou pelo menos existe uma teoria dominante em dado lugar e em dado momento.
   d) complexa, em qualquer tempo e em qualquer lugar.
   e) crítica, independente de tempo ou lugar.

3. Assinale a alternativa correta sobre historicismo e positivismo:
   a) O historicismo explica apenas os fatos da sociedade sob o ponto de vista da história, enquanto o positivismo explica a ciência.
   b) O historicismo explica a natureza e a sociedade sob o ponto de vista da história, e o positivismo prega a objetividade neutra da ciência, cujo critério constitui-se na adequação dos fatos observados.

c) O historicismo explica unicamente a natureza na visão da história, e o positivismo busca explicar a ciência de modo empírico.
   d) O historicismo explica a natureza e a sociedade sob o ponto de vista da sociologia, e o positivismo explica a história sob a luz da própria história.
   e) O historicismo explica apenas a sociedade sob o ponto de vista da sociologia, e o positivismo explica a filosofia.

4. Assinale a alternativa correta sobre a teoria da literatura:
   a) A expressão *teoria da literatura*, conforme Souza (2004), designa uma renovação de método.
   b) Teoria da literatura designa uma permanência de método.
   c) Teoria da literatura é uma ciência que estuda a crítica literária.
   d) Teoria da literatura, de acordo com Souza (2004), designa uma corrente ultrapassada do século XIX.
   e) Teoria da literatura é uma ciência que estuda a história literária.

5. Complete as lacunas do texto a seguir e, em seguida, indique a alternativa que corresponde à ordem correta das palavras empregadas:

   As primeiras décadas do século XX são marcadas pelo _____ dos estudos literários, gerando _____ correntes centradas na investigação do _____.

   a) atraso; novas; início histórico.
   b) conflito; várias; processo.
   c) desenvolvimento; novas; texto literário.
   d) retrocesso; duas; texto histórico.
   e) conflito; novas; texto literário.

(4)

Crítica genética

Maria Alice da Silva Braga

Como foi possível demonstrar no capítulo anterior, a teoria da literatura caracteriza-se pela abrangência de métodos, conceitos, tendências e vertentes, consistindo, assim, em uma área que visa à reflexão diante dos inúmeros níveis de questionamentos sobre o campo conceitual, em que se evidenciam divergências metodológicas e conceituais e questionamentos sobre os princípios discursivos.

Sob essa perspectiva, neste capítulo, serão estudados os conceitos de crítica e história literárias, cuja distinção fica a cargo da própria teoria.

(4.1) História literária

Por *história literária* compreende-se um discurso que diz respeito aos fatores externos à leitura responsável pela formação ou transmissão das obras. História é a disciplina que surgiu durante o século XIX e lida com o contexto.

A história literária, tal como a história que narra processos históricos, fatos e contextos, busca conhecer e interpretar o passado por meio de eventos gerais e representativos, analisando suas relações, bem como sua evolução. Assim, ela recupera o tempo pretérito por meio de VESTÍGIOS ainda subsistentes, como DOCUMENTOS e TESTEMUNHOS.

A História Literária, segundo Compagnon (1999), é disciplina acadêmica que surgiu ao longo do século XIX e, aliás, é mais conhecida pelo nome de *filologia*, *scholarship* (em inglês), *Wissenschaft* (em alemão) ou, simplesmente, *pesquisa*. De acordo com Compagnon, frequentemente crítica e história literárias opõem-se como um procedimento intrínseco e um procedimento extrínseco: A CRÍTICA LIDA COM O TEXTO; A HISTÓRIA, COM O CONTEXTO.

É possível perceber, com base nesse contexto, que a história literária ocupa-se de um passado que permanece vivo em sua representação pela obra literária e em documentos que abrem caminhos para a compreensão dos textos artísticos.

É objetivo da história literconhecer os textos literários, suas relações com a tradição literária, seu agrupamento em gêneros, sua filiação com movimentos ou escolas e a relação desses fenômenos com a história da cultura e da civilização.

Aos fundadores da história literária moderna, Gustave Lanson (1857-1934), Daniel Mornet (1978-1954) e Gustave Rudler (1872-1957), coube o mérito de definir os princípios sobre os quais, ainda hoje, apoiam-se as edições críticas ou os comentários envolvendo os textos literários e sua preparação.

Segundo Lanson (1930), o historiador literário lida com objetos singulares – as obras literárias – que guardam a marca original e irrepetível da personalidade de quem os criou. No entanto, tal singularidade não é absoluta, pois, ainda de acordo com Lanson (1930), realiza-se a partir de um substrato constituído por vários elementos pertencentes a certas correntes de sensibilidade ou ideológicas ou, ainda, a determinados gêneros literários. Nesse viés, o historiador literário deve ocupar-se de todos os aspectos que condicionam a criação da obra literária. Tal pensamento deu origem à vertente historicista da crítica literária, que se apoiava na instância produtora do discurso para configurar a gênese da obra.

Em contrapartida, Silva (1973, p. 512) critica Lanson por situar o historiador literário "num espaço e num tempo neutros e rigorosamente assépticos, como se o historiador não fosse necessariamente um homem marcado por uma cultura, uma religião, uma ideologia, um determinado gosto". O teórico português rebate a ideia de Lanson afirmando que a escolha de um autor ou de uma obra para estudo implica juízos de valor, afinidades e predisposições de espírito, além de revelar uma ideologia.

Assim, a análise de uma obra literária não se pode restringir a ponto de reduzi-la à banalidade, porque toda leitura é refração. A obra literária, em virtude de sua pluralidade semântica, permite várias leituras: seja de acordo com o momento histórico, seja no plano diacrônico.

Tal método preconiza que o historiador literário, antes de tudo, deve certificar-se da autenticidade da obra a ser estudada, questão elucidativa a respeito dos aspectos estéticos e históricos relacionados com sua autoria.

Os textos antigos, especialmente os medievais, implicam mais dificuldade sobre sua autoria, embora os textos modernos, ainda que com menor incidência, também possam apresentar graves incertezas autorais, pois existem numerosas obras, manuscritas ou impressas, que não registram o nome do autor. Para determinar a AUTORIA, o historiador literário pode recorrer a dados externos, como documentos arquivísticos, documentos de outros autores, cartas, memórias etc., ou pode utilizar dados internos, que são os elementos presentes na própria obra, seja no âmbito estético-literário (estilo ou técnica de narrar), seja no campo documental, como possíveis informações biográficas, referências a outras obras ou eventos.

Lanson (1930) alerta para o processo de transmissão de uma obra literária, quando intervêm vários agentes, como copistas, corretores ou editores, que realizam acréscimos, mutilações ou transformações no texto por motivos diversos, gerando problemas que, desde a Antiguidade, preocupam os críticos e, em nossos dias, contam com o apoio de teorias estabelecidas em bases científicas para solucioná-los.

Assim, o estudo dos manuscritos de um autor é de fundamental importância para a datação exata da obra, bem como a análise do tipo de letra, que, em muitos casos, pode servir de modelo comparativo com outros de seus escritos – cartas, diários, apontamentos, notas – para identificar a data em que uma obra foi redigida.

Os meios modernos de reprodução fotomecânica – fotocópias, microfilmes, microfichas, reedições anastáticas etc. – e o largo uso dos recursos da informática facilitam o trabalho do editor de textos, colocando à disposição desse profissional, com economia de tempo e fidelidade, os textos manuscritos ou mesmo editados cujo acesso não seria possível por outros meios. Assim, a edição diplomática, a qual busca reproduzir tipograficamente, com todo rigor e pormenor, um texto manuscrito ou impresso, perdeu o sentido. É importante frisar que Lanson (1930) inclui, em sua metodologia, todas as fases pelas quais deve passar o texto até chegar à edição crítica final.

A DATA de um texto, tanto da sua composição quanto da sua publicação, constitui outro aspecto relevante para o trabalho do historiador literário, na medida em que a obra tem de ser conhecida e interpretada considerando-se o contexto histórico em que foi gerada, além de ser relacionada com as ideias e os processos literários próprios de uma época. O historiador literário deve aprender a sentir historicamente, conforme Lanson (1930). Estabelecer a data da redação de uma obra pode ser importante para a análise de influências recebidas pelo seu autor, para o conhecimento da evolução de seu estilo, da homogeneidade ou a heterogeneidade artística da obra etc.

Existem elementos de ordem interna e externa que podem auxiliar na determinação da data de uma obra. Os elementos internos podem se referir a dados ou aludir a fatos históricos e a personagens que constituem traços significativos na constituição do texto ou, ainda, podem referir-se a elementos temáticos e formais que, bem situados no estilo e na evolução da mundividência, permitem chegar a determinada data para a composição da obra.

A respeito dos elementos de ordem externa, eles podem ser constituídos por fatos, informações e documentos, tanto do autor em causa como de outros autores que tenham importância para a identificação da data: depoimentos de amigos e conhecidos, informações contidas em cartas, em diários etc.

Para Lanson (1930), a história literária analisa e procura explicar também as possíveis MODIFICAÇÕES que, porventura, o escritor tenha feito de uma edição para a outra. Do mesmo modo, busca conhecer o nascimento e desvendar o porquê da permanência de uma obra, desde os primeiros traços até a versão definitiva.

O autor destaca, ainda, que a análise das várias redações de uma obra, seja um poema, seja o episódio de um romance ou a cena de um drama, permite ao historiador literário assistir à luta íntima do escritor com as palavras, com o ritmo, com a harmonia e com a organização das personagens, fornecendo indicações de grande importância sobre suas preferências, seus ideais estéticos, sua própria formação e também as influências que ele recebeu.

Essa análise deve estar vinculada aos motivos nucleares da obra, às grandes estruturas artísticas em que os elementos parciais se integram e à personalidade histórico-poética do autor, vista no âmbito do desenvolvimento criador, articulada com a cultura, a arte e a própria vida.

Mais um aspecto é relevante nesse estudo: o historiador literário deve ocupar-se da biografia do artista, pois, assim, é possível conhecer seus traços psicológicos e morais, bem como os acontecimentos íntimos que possam ter gerado a obra ou nos quais o autor tenha se espelhado.

As influências recebidas e as fontes utilizadas por um autor representam momentos importantes para interpretar melhor a obra literária, porque o escritor forma e amadurece sua obra de arte quando está em contato com outros escritores, passados ou contemporâneos.

(4.2) Crítica literária

Rudler, discípulo de Lanson, em sua obra *Les techniques de la critique et de l'histoire littéraires* (Rudler, 1923), fornece uma rigorosa exposição do método da crítica genética, bem como da edição crítica, distinguindo a CRÍTICA EXTERNA da CRÍTICA INTERNA.

Segundo Rudler (1923), a primeira recolhe os testemunhos do escritor e de seus amigos, escrutina a correspondência e tenta descobrir o que o escritor realizou, por meio dos documentos coligidos e selecionados. Já a segunda, a crítica interna, inicia pelo conhecimento dos manuscritos, os quais ajudam a conhecer as tendências conscientes e inconscientes do artista. Ainda, para o crítico francês Jean-Yves Tadié (1936-), em seu livro *A crítica literária do século XX* (Tadié, 1987), os rascunhos são úteis na medida em que auxiliam a datar as partes e o conjunto da obra – conforme dito anteriormente, a datação constitui um dos meios essenciais da crítica da gênese.

Para Rudler (1923), o método crítico se inicia pelo INVENTÁRIO PRELIMINAR de todo o material com que foi feita a obra. A determinação dos documentos primitivos constitui o primeiro passo para o estudo da gênese, pois, segundo o crítico, sem esse material, a análise não existe. Do mesmo modo, é necessário encontrar sob os materiais um princípio que dá vida, forma e ordem ao conjunto, sem o qual não há estudo genético. O autor propõe, desse modo, pesquisar as pistas nas etapas que os manuscritos deixam transparecer, pois, antes da impressão final, a obra passa por várias etapas. A crítica genética tem por objetivo desnudar o trabalho mental que dá origem à obra, buscando, assim, encontrar suas leis.

Certamente, o sistema de Rudler não se identifica com os princípios da genética atual, porque sua teoria da gênese prima por preocupações totalizantes, isto é, visa à totalidade do escritor, uma vez que, em seu entender, os manuscritos e as fontes permitiriam reconstituir a fisionomia psicológica e ideológica dos escritores.

Pierre Audiat (1891-1961), outro crítico francês, realizou um minucioso estudo intitulado *A biografia da obra literária*, em que propõe restaurar e reviver a vida mental do escritor em seu tempo. Segundo Audiat (citado por Silva, 1973), para estudar a gênese de uma obra, é necessário considerar o tempo em que ela foi elaborada e divisar todas as etapas de sua formação. Audiat busca a IDEIA GERADORA, que está no início do livro, como um conceito, uma imagem ou uma emoção. Essa procura recai sobre os documentos, como as notas de trabalho e as cartas (Silva, 1973).

Paralelamente a esses estudos, desviando-se da genética historicista, no século XIX, alguns escritores, atraídos pelo interesse em conhecer o ateliê do artista, começaram a pesquisar a INVENÇÃO DO TRABALHO, ou seja, os primeiros passos na direção do desvendamento do processo de criação.

A teoria da literatura anseia pela explicitação desses pressupostos, perguntando ao crítico o que é literatura e quais são seus critérios de valor. Do mesmo modo, a teoria questionará os historiadores. Uma vez reconhecido que os textos literários têm traços peculiares, o leitor trata-os como documentos históricos e, como tais, plenos de causas factuais: vida do autor, contexto sociocultural, fontes etc.

É possível concluir que a teoria é relativista na medida em que solicita o porquê. Sem abstração, aponta causas e deseja encontrar respostas buscadas tanto pelos críticos quanto pelos historiadores. Com base nessas questões, é possível perguntar sobre a própria finalidade da teoria da literatura.

A literatura, como já exposto, está diretamente relacionada com as questões que envolvem o homem no mundo. Talvez seja muito mais concreta do que abstrata, já que mostra a vida em todas as suas dimensões e não aceita conceitos estéreis. Ela prefere a dor e a alegria do estar vivo no mundo.

Em contrapartida, atualmente, leem-se na literatura narrativas de afastamento da realidade, como é possível perceber no mito e na linguagem, por exemplo. Como afirma Eagleton (2003), essa fuga da história real pode ser em parte compreendida como uma reação à crítica antiquada, historicamente reducionista, que predominou no século XIX. De todo modo, a literatura pressupõe um eu no mundo em busca de um ponto de encontro com a realidade, com a história, com a tradição.

Sob essa perspectiva, a teoria literária, segundo Eagleton (2003), deve refletir a natureza da literatura e da crítica literária. Entretanto, são tantos os métodos da crítica literária que podemos analisar e discutir o processo de criação da obra, a infância do autor presente na obra analisada, a linguagem peculiar, a fenomenologia da leitura, o estilo ou mesmo a recepção do leitor. O que importa é o texto, isto é, a prática discursiva como um todo. Nesse ponto, é possível voltar à retórica, já estudada no capítulo anterior, a forma mais antiga de análise crítica conhecida, surgida na Antiguidade e realizada até o século XVIII.

A retórica examinava o modo pelo qual os discursos eram produzidos a fim de surtir certos efeitos, não importando se o objeto era oral, escrito, poemático ou filosófico. É importante destacar que a retórica, como refere Eagleton (2003, p. 284), "queria descobrir os meios mais eficientes de concitar, persuadir e debater, e os retóricos estudaram esses recursos na linguagem de outras pessoas para usá-los de maneira mais produtiva em sua própria linguagem". Conclui-se, então, que tal atividade é tão criativa quanto crítica, pois abrange a prática do discurso eficiente e também sua ciência.

Assim, toda teoria literária pressupõe o emprego da literatura, ainda que dela se retire apenas o inútil. O importante é compreender que não interessa se há ou não um debate sobre a relação da história com a literatura. Trata-se das diferentes leituras da própria história.

Atividades

1. Assinale a alternativa correta. Por história literária, compreende-se:
   a) um discurso que diz respeito aos fatores externos à leitura para a formação ou a transmissão das obras.
   b) um discurso que diz respeito aos fatores internos da obra para a formação ou a transmissão de informações.
   c) um texto que fala dos fatores externos à leitura.
   d) um texto que se refere apenas aos fatores internos da leitura.
   e) um texto que trata dos fatores históricos.

2. Complete as lacunas do fragmento a seguir e, depois, indique a alternativa que corresponde à ordem correta das palavras empregadas:

   A história literária ocupa-se de um _____ que permanece _____ em sua representação pela _____ e em documentos que abrem _____ para a compreensão dos textos artísticos.

   a) presente; vivo; reportagem; espaços.
   b) presente; distante; obra literária; outros textos.
   c) passado; vivo; obra literária; caminhos.
   d) passado; apagado; poesia; lacunas.
   e) presente; apagado; obra literária; discussões.

3. Gustave Rudler (1923) distingue crítica externa de crítica interna. A primeira recolhe os testemunhos do escritor, escrutina a correspondência e tenta descobrir o que ele realizou por meio dos documentos coligidos e selecionados. Já a crítica interna:
   a) inicia pela edição final, que ajuda a conhecer as tendências conscientes do artista.
   b) inicia pelos manuscritos, os quais ajudam a conhecer apenas as tendências conscientes do artista.

c) inicia pelos rascunhos, os quais ajudam a conhecer somente as tendências inconscientes do narrador.

d) inicia pelo conhecimento dos manuscritos, os quais ajudam a conhecer as tendências conscientes e inconscientes do artista.

e) inicia pelos manuscritos, os quais ajudam a conhecer as tendências lógicas do artista.

4. Complete o trecho a seguir e, depois, indique a alternativa que corresponde à ordem correta das palavras empregadas:

Uma vez reconhecido que os textos literários possuem traços _____, o leitor trata os textos como documentos _____ e, como tais, plenos de causas _____.

a) comuns; literários; reais.

b) peculiares; históricos; factuais.

c) comuns; históricos; reais.

d) peculiares; literários; factuais.

e) raros; históricos; ficcionais.

5. Sobre a retórica, podemos afirmar:

a) É a forma moderna de análise do discurso.

b) É uma das formas antigas de análise crítica.

c) É a forma mais antiga de análise crítica conhecida desde a Antiguidade com prática atual.

d) É a forma mais antiga de análise crítica conhecida, surgida na Antiguidade e realizada até o século XVIII.

e) É a forma mais moderna de análise crítica.

(5)

Estética, arte e literatura

Edgar Roberto Kirchof

Neste capítulo, serão discutidas as ligações entre três campos de conhecimento: a estética, a arte e a literatura. A seguir, será apresentado um pequeno panorama histórico do surgimento da disciplina de Estética e serão examinados os principais problemas para a definição tanto da estética quanto da arte.

Por fim, serão realizadas aproximações entre a estética e a arte, de um lado, e entre a estética e a literatura, de outro. O principal objetivo deste capítulo é demonstrar que, em última análise, a literatura é uma forma de manifestação artística e estética.

(5.1) Estética

Ao procurar em manuais dedicados ao tema *estética* definições para o termo, serão encontradas, na maior parte das vezes, expressões como "teoria, ciência ou filosofia da arte e do belo". Historicamente, tanto a palavra quanto a ciência *estética* surgiram aproximadamente no ano de 1750, quando o filósofo alemão Alexander Gottlieb Baumgarten (1714-1762) escreveu um livro intitulado *Theoretische asthetik* (Baumgarten, 1988). Nessa obra, o autor afirmou que "o objetivo da estética é a perfeição do conhecimento sensível enquanto tal. Com isso, quer-se dizer a beleza" (Baumgarten, 1988, tradução nossa).

Ao passo que muitos pensadores do século XVIII, contemporâneos de Baumgarten, acreditavam que as paixões e a fantasia não levam jamais a qualquer conhecimento, mas apenas à confusão, o filósofo alemão argumentou que elas produzem um tipo específico de saber, sensível ou estético, que é uma condição inalienável para se chegar à verdade (Baumgarten, 1988). Baumgarten acreditava que esse conhecimento é idêntico àquilo que vários filósofos, antes do século XVIII, denominavam *belo* ou *beleza*.

Um dos principais objetivos de Baumgarten, ao criar essa nova disciplina, foi combater a ideia de que apenas o pensamento lógico ou abstrato – comum às ciências chamadas *exatas* em geral, como a matemática – produz conhecimento, pois o filósofo acreditava que, além do conhecimento lógico, também existe o conhecimento sensível, que ele denominou, em latim, *cognitio sensitiva*. Hoje, esse tipo de cognição é geralmente chamado de *conhecimento estético* ou de *percepção estética*.

Apesar de Baumgarten ter criado o conceito de estética, as contribuições mais importantes sobre esse assunto foram elaboradas por outro filósofo, Immanuel Kant (1724-1804), ainda no século XVIII. De forma extremamente simplificada, pode-se dizer que, na obra *Crítica do juízo* (Kant, 1956), o pensador prussiano afirmou que existem dois tipos de conhecimento: um subjetivo e outro objetivo. O primeiro foi chamado de JUÍZO ESTÉTICO ou JUÍZO DE GOSTO.

Segundo o pensador prussiano, esse tipo de juízo não tem a função de produzir conhecimento lógico ou objetivo, mas apenas de evocar o sentimento de prazer ou desprazer no momento em que o sujeito é afetado pela representação do objeto. O filósofo chamou o segundo tipo de conhecimento de JUÍZO TELEOLÓGICO, afirmando que sua função é manifestar a finalidade objetiva e intelectual da representação. Em termos mais simples, ao passo que o conhecimento estético está ligado ao sentimento de prazer ou de desprazer na representação, o conhecimento teleológico (voltado para um fim específico) está ligado ao seu resultado lógico.

Visto que o conhecimento produzido pelas obras de arte é geralmente mediado por sensações estéticas, em especial a de beleza, muitos pensadores passaram a afirmar que o objeto específico de estudo da estética era a obra de arte. O filósofo alemão Georg Wilhelm Friedrich Hegel (1770-1831) foi um dos principais responsáveis por essa concepção.

Com suas reflexões sobre a estética, contudo, Kant abriu espaço para que as ciências contemporâneas começassem a estudar os efeitos estéticos criados por qualquer tipo de representação, não apenas pelas obras de arte. Assim, muitas linhas da estética contemporânea investigam mediante quais princípios são produzidos efeitos como o belo, o sublime, o cômico, o trágico, o patético, o ridículo, entre vários outros, em qualquer tipo de representação, tanto de obras de arte quanto de qualquer outra manifestação da cultura (programas televisivos, objetos de decoração ou utilitários, roupas, joias etc.) e mesmo da natureza não modificada intencionalmente pelo ser humano, como lagos, cachoeiras, montanhas etc.

(5.2) É possível definir *arte*?

A arte é objeto de interesse de várias ciências e disciplinas contemporâneas, como a história, a psicologia, a sociologia, a filosofia, a tecnologia da informação, além da própria estética. Se, por um lado, essa diversidade de disciplinas interessadas na arte demonstra que esta se trata de um objeto relevante, por outro, tantos enfoques diferenciados e, muitas vezes, não conciliáveis, tornam difícil defini-la.

O estudioso polonês Władysław Tatarkiewicz (1886-1980), em seu livro *A History of Six Ideas: an Essay in Aesthetics* (Tatarkiewicz, 1980), procurou sintetizar as principais maneiras como a arte é hoje definida e chegou a seis principais concepções:

1. aquilo que produz o belo;
2. a representação ou reprodução da realidade;
3. a criação de formas;
4. a expressão;
5. a produção de experiência estética;
6. a produção de choque ou escândalo.

Se não é possível chegar a uma definição única para o termo *arte*, talvez uma maneira razoável de tentar compreendê-lo seja, a princípio, abordá-lo sob uma perspectiva histórica. A palavra *arte* tem sua origem mais remota na Grécia antiga, com o termo *téchne*, que, numa perspectiva simplificada, poderia ser traduzido por *técnica*. Quando os romanos passaram a dominar o mundo ocidental, traduziram o termo *téchne* para *ars*, em latim, que deu origem à palavra *arte*, em português. Assim, em sua raiz etimológica, a arte tem a ver com uma HABILIDADE PARA FAZER OU REALIZAR ALGO.

Desde suas origens mais remotas, a humanidade tem produzido objetos de arte, como é possível observar nas gravuras que os antepassados deixaram nas cavernas. Alguns autores ligados à perspectiva evolutiva chegam a afirmar que a espécie *Homo sapiens* se distingue de outras justamente porque é capaz de produzir objetos artísticos (Kirchof, 2008).

No entanto, nem os gregos, nem os romanos, nem os filósofos medievais – muito menos os homens das cavernas – consideravam filosóficos ou puramente estéticos objetos artísticos como estátuas ou pinturas. Até o século XVIII, a arte tinha adquirido inúmeras funções sociais. Por meio de recursos estéticos, essa manifestação humana foi capaz de revelar ou incorporar o divino, ilustrar escritos sagrados, decorar santuários e lares privados, criar belos utensílios ou elaborar ornamentos, acompanhar regras cerimoniais, registrar cenas e personagens históricas e assim por diante.

Foi apenas a partir do século XVI que artistas como Michelangelo (1475-1564), Rafael (1483-1520) e Leonardo da Vinci (1452-1519) passaram a atribuir um valor altamente intelectualizado à arte. A partir de então, a cultura da humanidade a tem visto como um objeto estético e intelectual privilegiado, capaz de veicular conhecimentos muitas vezes mais profundos do que aqueles transmitidos pelas ciências e pela filosofia.

(5.3) Literatura: objeto artístico e estético

A literatura é, ao mesmo tempo, um objeto artístico e um objeto estético, pois, independentemente da perspectiva adotada para defini-la, dois traços lhe são comuns:

- trata-se de uma arte milenar cujas origens mais rudimentares se reportam à Pré-História e é dotada de inúmeras funções sociais e antropológicas;
- sua forma de representação, especialmente a poesia, sempre foi dotada de características estéticas marcantes, sejam elas positivas, como a graça ou a beleza, sejam elas negativas, como o feio, o trágico ou o grotesco.

Como foi visto no Capítulo 1 desta obra, uma das definições mais antigas de *literatura* provém de Aristóteles (1966), que diz que o conhecimento gerado pela arte literária tem tanto um lado estético quanto um lado lógico. No Capítulo 2, explicou-se que, na *Poética*, Aristóteles definiu *literatura* como *mimese*, isto é, *representação*, cujo fim seria proporcionar ao leitor o prazer (estético) e o conhecimento (lógica). Aristóteles acreditava que a tendência para a representação seria própria do ser humano.

Esse fenômeno foi explicado por meio do exemplo da representação de animais ferozes em obras artísticas (Figura 5.1). De forma simplificada, é possível afirmar que o animal que existe na realidade é o objeto da representação, constituindo o seu conteúdo propriamente referencial. A obra literária que retrata esse animal (seja ela um poema, seja um romance ou um épico) é um signo. O efeito que esse signo produz na mente de um leitor, por sua vez, é o interpretante do signo.

Figura 5.1 – A tricotomia peirciana dos signos aplicada a um exemplo aristotélico

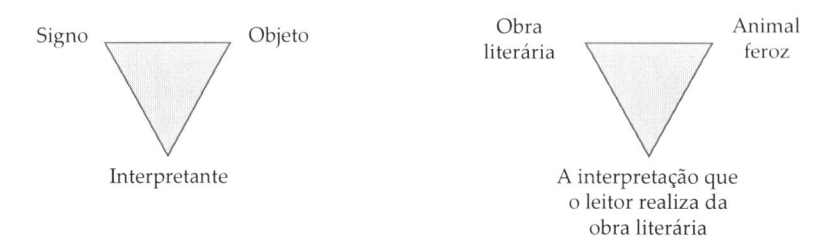

Signo	Objeto	Obra literária	Animal feroz
Interpretante		A interpretação que o leitor realiza da obra literária	

O importante nessa definição é que, entre um objeto qualquer e seu resultado interpretativo, sempre haverá um signo e, no caso de um signo não literário ou não artístico, não importa tanto a forma como esse objeto é representado. Para a literatura, contudo, a forma do signo é mais importante do que o próprio objeto, pois, conforme a concepção de Aristóteles (1966), uma imagem mal construída não é capaz de ensinar, tampouco de entreter.

Contemplar uma representação bem-sucedida, por sua vez, é prazeroso, mesmo que o objeto representado seja repugnante: "Das coisas cuja visão é penosa temos prazer em contemplar a imagem quanto mais perfeita; por exemplo, as formas dos bichos mais desprezíveis e dos cadáveres" (Aristóteles, [1969?]). Logo, se o prazer da contemplação provém da excelência da obra, o conhecimento provém da possibilidade inusitada que ela nos proporciona de observar seu objeto de referência.

Desse modo, qualquer obra de literatura – um romance, uma novela de cavalaria, um poema lírico – é um signo cujo fim é a representação de um objeto, o conteúdo referencial desse signo; e o efeito que esse signo causa na mente de um receptor é o seu interpretante.

Atividades

1. Como se define *estética* na maioria dos manuais e introduções a esse assunto?
   a) Como campo do saber dedicado ao estudo da beleza.
   b) Como ciência da arte.
   c) Como campo do saber dedicado aos estudos da beleza e das obras de arte.
   d) Como ciência dedicada aos estudos das paixões e da fantasia.
   e) Não havendo consenso sobre esse conceito, geralmente o termo não é definido em manuais e introduções.

2. Qual o principal objetivo de Alexander Gottlieb Baumgarten ao fundar a disciplina de Estética?
   a) Pretendia combater a ideia de que apenas as ciências mais ligadas à lógica científica são capazes de propiciar o conhecimento.
   b) Pretendia demonstrar a importância da beleza para a arte.
   c) Pretendia valorizar a obra de arte, pois até então praticamente não havia estudos sérios realizados sobre a arte e a literatura.
   d) Pretendia demonstrar que o conhecimento estético ou sensível é superior ao conhecimento lógico.
   e) Pretendia dar fim às tradições antigas da retórica e da poética.

3. Qual a origem histórica da palavra *arte*?
   a) Origina-se do latim *téchne*, que quer dizer "criação de obras belas".
   b) Origina-se do grego *téchne*, que foi traduzido apara o latim para *ars*. Originalmente, *téchne* significava a "criação de obras belas".
   c) Origina-se do grego *téchne*, que remetia às criações destinadas a proporcionar o prazer estético.

d) Originou-se na Antiguidade Clássica, e seu significado está ligado, historicamente, à ideia de "habilidade para realizar ou produzir algo".

e) Existem muitas controvérsias em torno da origem do conceito *arte*, o que torna praticamente impossível encontrar sua origem etimológica.

4. Por que é tão difícil definir *arte* e *literatura*?

a) Porque, até o momento, nenhum teórico conseguiu fazer uma síntese coerente de seu verdadeiro significado, o qual está sempre ligado ao entretenimento.

b) Porque, até o momento, nenhum teórico conseguiu fazer uma síntese coerente de seu verdadeiro significado, o qual está sempre ligado ao conhecimento lógico.

c) Porque existem muitas controvérsias em torno da origem desses conceitos.

d) Porque, até o momento, a ciência ainda não dispõe de recursos avançados o suficiente para compreender sua complexidade.

e) Porque são fenômenos culturais realizados, ao longo da história da humanidade, com diferentes propósitos e funções.

5. Por que, na concepção aristotélica, a contemplação de uma representação é mais agradável que a contemplação da própria realidade?

a) Porque, segundo Aristóteles, a realidade é muito árida, ao passo que a arte sempre está ligada à beleza.

b) Porque, segundo Aristóteles, não pode haver prazer estético na contemplação do real; apenas a arte é capaz de levar à contemplação.

c) Porque, segundo Aristóteles, a representação, se bem realizada, permite-nos contemplar a realidade de forma inusitada.

d) Porque, segundo Aristóteles, a arte é superior à realidade.

e) Porque, segundo Aristóteles, a natureza é superior à arte.

(6)

O autor, a obra, o leitor

Edgar Roberto Kirchof

Este capítulo discute as relações que se estabelecem entre o autor, a obra e o leitor. A princípio, serão realizadas algumas diferenciações entre o chamado "mundo real" e o "mundo da ficção". Em seguida, serão discutidas algumas possibilidades de relações entre esses mundos.

(6.1) Do mundo empírico ao mundo da ficção

Ao falar da relação entre o autor, a obra e o leitor, é necessário, antes de qualquer outro pressuposto, ter em mente que, em princípio, a teoria da literatura não se interessa diretamente pelo estudo do autor como pessoa, nem pelo estudo de todos os leitores como pessoas reais, situadas no mundo extratextual.

Em outras palavras, saber que Ernest Hemingway (1899-1961) adorava caçar, que Clarice Lispector (1920-1977) não nasceu no Brasil, que Mário Quintana (1906-1994) foi solteiro a vida toda e que Euclides da Cunha (1866-1909) foi assassinado pelo amante da própria esposa, entre outros tantos fatos vinculados à vida de escritores famosos, pode ser interessante no âmbito das anedotas ou curiosidades, das informações para ser discutidas à mesa de um bar, mas pouco acrescentam a um estudo sério de suas obras, a não ser que estejam vinculados a um viés analítico pertinente e claramente determinado.

Da mesma forma, uma pesquisa isolada sobre o leitor como pessoa real situada no mundo não literário, em suas particularidades pessoais, dificilmente levaria a algum resultado satisfatório sobre a obra lida. Além disso, estudar as impressões individuais de cada leitura realizada implicaria uma grande dificuldade metodológica, pois seria necessário levar em conta um universo de pesquisa por demais extenso. Ademais, curiosidades acerca das impressões de cada leitor sobre uma obra tampouco permitiriam chegar a uma compreensão aprofundada desta, na medida em que tal procedimento não leva a um sistema conceitual coerentemente organizado.

A intenção aqui, entretanto, não é afirmar que o autor e o leitor sejam instâncias irrelevantes para a compreensão da literatura. Ciências como a psicanálise e a sociologia, por exemplo, propiciam estudos muito interessantes acerca das relações entre autores, leitores e obra.

Sigmund Freud (1856-1939), fundador da psicanálise, realizou vários estudos sobre as motivações de escritores e artistas para abordar determinados temas ou criar determinadas personagens, as quais mostraram-se muitas vezes vinculadas a experiências pessoais da infância ou a desejos inconscientes.

Contemporaneamente, são realizados inúmeros estudos psicanalíticos da literatura que levam em conta as relações entre autor e obra, e entre leitor e obra, abordando, nesse caso, entre várias outras possibilidades, as motivações inconscientes que fazem o leitor priorizar determinados conteúdos em detrimento de outros. Alguns autores ligados à crítica genética, como visto no Capítulo 4, se interessam também pela biografia dos autores.

De modo semelhante, mas considerando parâmetros muito diferentes, a sociologia – em especial a sociologia da literatura – interessa-se pelas condições sociais, econômicas e culturais dos autores e dos leitores. Para citar apenas um rápido exemplo, o crítico literário Arnold Hauser (1892-1978), em sua obra *História social da literatura e da arte* (Hauser, 2000), ao explicar as principais diferenças entre dois dos principais escritores do século XVI – Miguel de Cervantes (1547-1616) e William Shakespeare (1564-1616) – quanto a suas concepções sobre a cavalaria medieval, avalia as estruturas socioeconômicas em que ambos se situam.

Hauser acredita que, embora Cervantes e Shakespeare considerassem a cavalaria um fenômeno ultrapassado, o primeiro era mais pessimista sobre essa profissão, embora não a rejeitasse de modo tão veemente, visto ter sido ele mesmo uma espécie de fidalgo/cavaleiro:

> *Shakespeare, o dramaturgo, assume uma atitude mais positiva com a ideia de cavalaria do que o novelista Cervantes, mas, sendo cidadão de uma Inglaterra que se encontra num estágio mais progressista de desenvolvimento social, rejeita a classe cavaleiresca de um modo mais nítido e contundente do que o espanhol, que, por causa de sua própria ascendência fidalga e carreira militar, não é tão imparcial.* (Hauser, 2000, p. 415)

De forma muito semelhante, na década de 1970, vários autores ligados à escola de Constança – entre os quais o mais eminente foi Hans Robert Jauss (1921-1997) – fundaram uma disciplina denominada *Estética da Recepção*, interessada não apenas nos efeitos estéticos que a obra literária pressupõe como estratégia inerente ao próprio texto, mas também, e principalmente, na verdadeira recepção que leitores situados em contextos sociais e históricos distintos fazem das obras. Assim, sob essa perspectiva, o leitor – como categoria histórico-social, e não como sujeito individual – torna-se objeto de estudo literário.

A maneira como Machado de Assis (1839-1908) foi lido pelos seus contemporâneos, por exemplo, certamente é, por inúmeras razões, muito diferente da maneira como é lido hoje. Entre esses motivos, podemos citar uma questão muito simples: o fato de que várias palavras contidas na obra *Memórias póstumas de Brás Cubas*, de 1881 (Machado de Assis, 1994), por exemplo, eram corriqueiras no final do século XIX e, hoje, soam eruditas ou livrescas. Quem saberia dizer, agora, sem consultar um dicionário, o significado de termos como *almocreve* ou *piparote*, entre outros tantos?

Essas considerações mostram que os estudos que incluem investigações sobre o autor e o leitor em geral têm origem em áreas afins à teoria literária, como a psicanálise e a sociologia. Entretanto, ainda que sejam bons instrumentos para nortear trabalhos preocupados em fornecer interpretações críticas e criativas, na maior parte das vezes, esses estudos pouco ajudam na investigação das estruturas que formam os sentidos da própria obra.

Nas disciplinas destinadas à crítica literária, é possível estabelecer contato com diferentes correntes críticas, como a sociologia e a psicanálise, entre outras, mediante as quais pode-se realizar trabalhos interpretativos que ultrapassem o campo mais restrito das estruturas inerentes à obra literária.

A teoria literária, embora não exclua o autor e o leitor de seu campo de análise, tem a forte tendência de abordá-los no âmbito das estratégias textuais, evitando, dessa forma, realizar extrapolações em direção ao mundo social ou psicológico do autor e do leitor como pessoas históricas.

Em termos simplificados, A TEORIA LITERÁRIA LIDA MAIS COM A MANEIRA COMO A OBRA CRIA UM SIMULACRO DE AUTOR E UM SIMULACRO DE LEITOR, EVITANDO ABORDAR O AUTOR E O LEITOR EMPÍRICOS, pois, como escreveu Machado de Assis (1994) no prólogo de um de seus mais célebres livros, *Memórias póstumas de Brás Cubas*, "a obra em si mesma é tudo". O modo como as categorias de leitor e de autor são abordadas e analisadas sob um ponto de vista interno à obra será assunto dos próximos tópicos.

(6.2) Obra

Existem várias maneiras de abordar uma obra literária. De acordo com as considerações anteriores, ao passo que a teoria da literatura tende mais para uma abordagem imanente, ou seja, que prioriza as estruturas inerentes da própria obra, a crítica literária pode encorajar estudos que ultrapassam análises de estruturas internas e estratégias textuais, desde que não se desvinculem das próprias obras.

Em contrapartida, um crítico prudente tem um bom domínio tanto da teoria quanto de seus métodos, sem os quais é difícil chegar a conclusões realmente profundas e reflexivas. Citando novamente Machado de Assis (1994), "o método é indispensável, mas é melhor tê-lo sem gravata nem suspensório, um pouco à fresca e à solta". Em outras palavras, Machado de Assis sugere que é necessário superar a técnica. No entanto, para superá-la, é preciso, antes, dominá-la.

Conforme já foi demonstrado no Capítulo 5 deste livro, a obra literária é uma representação artística realizada com intenção estética. Como tal, apresenta determinados traços constitutivos de sua própria forma significante, que alguns autores chamam de TRAÇOS ESTRUTURAIS. Esses elementos variam de acordo com o gênero e com a espécie de cada obra.

Uma obra narrativa ou épica, por exemplo, é marcada por cinco elementos constitutivos essenciais: o enredo, as personagens, o narrador, o tempo e o espaço. Uma obra lírica constitui-se de uma representação marcada pela interseção entre diferentes estratos semióticos: o estrato visual, o estrato fônico ou sonoro, o estrato morfossintático e o estrato lógico-semântico. Uma obra dramática, por sua vez, constitui-se de diálogos ou monólogos e tem todos os traços de uma narrativa, exceto o narrador.

O último capítulo deste livro dedica-se a uma abordagem do gênero dramático. A narrativa e a lírica, por sua vez, serão apresentadas brevemente no Capítulo 8. Na seção a seguir, as noções de leitor e autor serão aprofundadas.

(6.3) Leitor-modelo e leitor empírico

O linguista francês Charaudeau (1983) afirma que, em todo ato de comunicação, há quatro protagonistas: dois internos à própria linguagem – um leitor e um autor criados e pressupostos pela obra – e dois externos – um leitor e um autor "de carne e osso", responsáveis pela criação do leitor e do autor fictícios. Neste tópico, serão abordados o leitor interno e o leitor externo à obra.

Ainda segundo Charaudeau (1983), todo discurso apresenta um "tu" destinatário, um LEITOR OU INTERLOCUTOR IMAGINADO pelo eu como um interlocutor ideal, um mero sujeito de palavra, que não corresponde ao ser "de carne e osso" ao qual se dirige.

Em geral, na teoria da literatura, esse leitor fictício, inventado pelo autor, é denominado *narratário* e pode ser explicitado no próprio discurso. Por exemplo: o narrador de um romance pode simular uma conversa com seu leitor fictício – "Prezado leitor...".

Muitas vezes, porém, o narratário não está instituído de forma explícita. Nesse caso, será percebido apenas por meio de certas marcas deixadas pelo autor sobre o texto, as quais permitem imaginar para que tipo de leitor ideal aquele texto se destina.

Umberto Eco (1932-2016), na obra *Lector in fabula: a cooperação interpretativa nos textos narrativos* (Eco, 1986), denomina esse leitor idealizado no próprio texto de LEITOR-MODELO e chama o leitor extratextual de LEITOR EMPÍRICO. Eco chega a afirmar que todo texto é uma máquina preguiçosa, pois sua compreensão depende do trabalho de um leitor que esteja apto a interagir com essa máquina, de forma a recuperar seus possíveis significados, que formam a imagem do leitor-modelo.

É importante ressaltar que o leitor-modelo não é apenas suposto pelo autor: ele é instituído linguisticamente dentro do próprio texto. Nos termos de Eco (1986), o leitor-modelo é um conjunto de condições de êxito textualmente estabelecidas, que devem ser satisfeitas para que um texto seja plenamente atualizado em seu conteúdo potencial.

E a instituição textual do leitor-modelo se faz por meio de vários artifícios. Os mais comuns são a escolha do código linguístico, de um tipo de enciclopédia e de um estilo literário ou lexical. Cada escolha efetuada pelo autor delimitará o leitor-modelo de seu texto. As duas principais condições de êxito que marcam o leitor-modelo são a competência gramatical e a competência enciclopédica.

A COMPETÊNCIA GRAMATICAL refere-se ao domínio do próprio código. Por exemplo: um texto escrito em russo ou japonês dificilmente seria compreendido por um brasileiro, por simples falta de competência gramatical. Obviamente, textos escritos nesses idiomas têm como leitores-modelo cidadãos japoneses ou russos.

Em contrapartida, também é preciso ter certa competência gramatical para compreender autores no próprio idioma. No caso do português, podemos citar como exemplos Gregório de Matos e Machado de Assis – esses autores usavam termos que eram comuns nos séculos XVII e XIX, mas que hoje são desconhecidos, como já foi dito –, além de Guimarães Rosa, que cria inúmeras palavras e expressões existentes apenas em suas obras. Em poucos termos, todo autor empírico cria, em suas obras, certa gramática própria, e espera que o leitor a decifre.

Além da competência gramatical, o leitor empírico também deve ter certa COMPETÊNCIA ENCICLOPÉDICA, a qual diz respeito a todas as informações e referências presentes na obra, algumas de forma explícita, outras, de forma implícita. Por exemplo: o romance *O nome da rosa* (Eco, 2011) contém inúmeras citações em latim, das quais várias fazem referência a filósofos e teólogos medievais, além de paráfrases e alusões a outras obras literárias. Logo, é possível afirmar que essa obra constrói um leitor-modelo com grande bagagem de conhecimento formal e linguístico.

Já um texto curto, repleto de termos simplificados, alguns deles infantilizados, e com recursos visuais pressupõe um leitor menos preparado do ponto de vista acadêmico, talvez um leitor infantil ou adolescente. Da mesma forma, um texto dotado de muitos termos científicos provavelmente estará endereçado a um leitor-modelo com preocupações acadêmicas, um estudante universitário ou um pesquisador, ao passo que um texto constituído apenas por histórias lineares e banais pressupõe um leitor em busca de entretenimento.

É importante, porém, fazer uma distinção entre o leitor-modelo e o narratário, que não são exatamente sinônimos. Ao passo que o primeiro é um conjunto de condições de êxito, o segundo é uma espécie de personagem evocada explicitamente no texto.

Assim, o leitor empírico recupera o significado da obra quando consegue se identificar com o leitor-modelo, relacionando aquilo que lê com as estruturas gramaticais que domina e com seus conhecimentos enciclopédicos prévios.

(6.4) Autor-modelo e autor empírico

Assim como há um leitor-modelo e um leitor empírico, também há um autor-modelo e um autor empírico. Retomando Charaudeau (1983), o ser responsável pela emissão da mensagem é o eu comunicador (EUc), externo ao universo da obra, mas que a cria e a organiza. À medida que escreve, projeta na obra uma imagem de si, tornando-se, portanto, um eu enunciador (EUe), ou seja, uma imagem criada pelo leitor empírico com base na interpretação que ele faz da obra. Em poucos termos, o autor-modelo também é um ser construído pela linguagem e existe apenas como uma conjectura realizada pelo leitor empírico.

É importante, nesse contexto, não confundir o autor-modelo com o narrador. O NARRADOR é aquele eu que controla a enunciação em cada obra; o AUTOR-MODELO é a imagem da personalidade que criou toda a obra ou mesmo um conjunto de obras, das quais o narrador faz parte.

Uma maneira de distinguir o narrador do autor-modelo defendida por alguns estudiosos seria notar que, ao passo que o primeiro muda a cada obra, o segundo permanece o mesmo dentro do conjunto de obras assinado pelo autor. Por exemplo: Machado de Assis é autor-modelo tanto de *Memórias póstumas de Brás Cubas* quanto de *Dom Casmurro*. No entanto, no primeiro livro, o narrador é Brás Cubas; no segundo, o narrador é Bentinho.

Tal característica diferenciadora, porém, não é aceita por todos os estudiosos da área, que argumentam que nem todas as obras seguem tal regra.

Para exemplificar, agora, a diferença entre autor empírico e autor-modelo, será utilizado um caso fornecido por Umberto Eco. Um leitor atento de seu romance *O nome da rosa* (Eco, 2011) lhe perguntou, certa vez, que relação havia entre as falas das personagens Adso e Guilherme e a ameaça de tortura que este último recebe da personagem Bernardo, no trecho que se vê a seguir:

> "O que vos aterroriza mais na pureza?" [perguntou Adso].
> "A PRESSA", respondeu Guilherme.
> "Basta, basta", dizia agora Bernardo, "nós te pedíamos uma confissão, não uma conclamação à carnificina. [...] Repugna-me recorrer a meios que a igreja sempre criticou quando são praticados pelo braço secular. Mas há uma lei que domina e dirige também os meus sentimentos pessoais. Pedi ao Abade um lugar onde possam ser predispostos os instrumentos de tortura. Mas que não se proceda logo. [...] A justiça não é movida pela PRESSA, como acreditavam os pseudoapóstolos, e a de Deus tem séculos à disposição."

Fonte: Eco, 2011, grifo nosso.

Eco, como autor empírico, não foi capaz de responder à pergunta que o leitor empírico lhe fez, pois, como o próprio Eco (1990) confessa em *Os limites da interpretação*, o diálogo entre Adso e Guilherme não constava do manuscrito original; fora acrescentado em uma das revisões porque, naquela ocasião, o autor julgava que o ritmo ficaria melhor caso colocasse um diálogo antes de devolver a palavra à personagem Bernardo. O fato é que Eco, autor empírico, havia esquecido que Bernardo também falaria em *pressa*.

Em que esse exemplo ajuda na compreensão da diferença entre autor empírico e autor-modelo? Ora, se o autor-modelo é uma conjectura realizada pelos leitores tomando por base a obra ou um conjunto de obras e outros discursos que circulam na cultura sobre o autor, então é indiferente se Eco estaria consciente ou inconsciente do significado que esse diálogo poderia adquirir se inserido naquele ponto específico do livro.

O fato é que o leitor está autorizado a pensar que Eco, como autor-modelo, criou a possibilidade de comparar a compreensão de *pressa* por parte de Guilherme com a de Bernardo, chegando, pelo menos, a dois pontos de vista distintos: um estereotipado (o de Bernardo) e outro mais filosófico ou teológico (o de Guilherme).

Em geral, não temos acesso às intenções do autor empírico. Muitas vezes, esse indivíduo, quando vivo, pode até negar ou desautorizar certas interpretações que se realizam em torno de sua obra, o que, diga-se de passagem, é mais corriqueiro do que se pensa.

No entanto, para a teoria da literatura, isso geralmente não importa, porque uma boa interpretação literária não é aquela que se direciona para o mundo externo à obra, mas que explora o próprio texto, demonstrando, dessa forma, a relevância do autor-modelo como um ser capaz de instigar a imaginação do leitor e levá-lo à reflexão sobre temas de interesse intelectual.

É importante ressaltar que a imagem do autor-modelo não se restringe a uma obra específica. Com a leitura de vários livros de um mesmo autor, é possível notar que há em suas obras certas recorrências que levam à formação de uma imagem mais ampla do autor-modelo.

Em última análise, como adverte Charaudeau (1983), a própria comunicação está fundada em dois circuitos: o circuito da palavra configurada (EUe e TUd/autor-modelo e leitor-modelo) e o circuito externo à palavra configurada (euc e tui/autor empírico e leitor empírico). A leitura de uma obra literária, portanto, nasce de um contrato, uma estratégia, que poderia ser chamada, talvez, de um *jogo*: ao criar sua obra, o autor empírico cria uma imagem de si – o autor-modelo –, da qual pode estar consciente ou não. Ao mesmo tempo, também cria a imagem de um leitor ideal, apto a compreender as várias nuances de sentido embutidas em seu livro. A leitura literária, portanto, pode ser vista como um convite ao leitor empírico para que se identifique com o leitor-modelo.

Atividades

1. Por que a teoria da literatura não se interessa, em princípio, pelo autor e pelo leitor empíricos de uma obra literária?

    a) A teoria da literatura tem grande preocupação em não expor a vida pessoal de autores e leitores.

    b) A teoria da literatura não se interessa pelo estudo do autor e do leitor empíricos porque essas instâncias são absolutamente irrelevantes para o conhecimento da obra.

    c) Para a teoria da literatura, estudos vinculados ao autor e ao leitor empíricos têm interesse apenas se estiverem marcados por um viés epistemológico claramente determinado.

    d) Para a teoria da literatura, estudos vinculados ao autor e ao leitor empíricos têm interesse apenas se suas biografias estiverem marcadas por fatos instigantes.

    e) A teoria da literatura tem pouco interesse pelo estudo do autor e do leitor empíricos porque, geralmente, suas obras são muito mais interessantes do que a vida deles.

2. Como a estética da recepção ajuda a compreender o leitor?

   a) Com base nos estudos realizados no âmbito da estética da recepção, sabe-se que o leitor empírico é irrelevante para os estudos literários.
   b) Apenas depois do surgimento da estética da recepção foi possível realizar estudos sérios acerca do leitor empírico.
   c) Apenas por meio da estética da recepção percebe-se a importância dos estudos ligados ao leitor-modelo.
   d) Com base nos estudos realizados no âmbito da estética da recepção, percebe-se que fatos anedóticos em torno da vida dos autores e dos leitores podem ser interessantes para estudos literários, claramente ligados a um viés teórico.
   e) A principal contribuição da estética da recepção refere-se ao fato de permitir compreender o leitor enquanto uma categoria coletiva, sempre situada historicamente.

3. Qual a principal diferença entre narrador e autor?

   a) O autor é a instância à qual se atribui a escrita da obra, o narrador é a instância responsável por contar a narrativa.
   b) O narrador é a instância à qual se atribui a escrita da obra; o autor é a instância responsável por contar a narrativa.
   c) O autor é sempre o autor empírico, ao passo que o narrador se identifica, por vezes, com o autor-modelo.
   d) O autor é sempre o autor-modelo, ao passo que o narrador se identifica, por vezes, com o autor empírico.
   e) Enquanto que tanto o autor empírico quanto o autor-modelo são pessoas "de carne e osso", o narrador é uma personagem criada pelo autor.

4. Qual das alternativas a seguir define, da melhor forma, a diferença entre leitor-modelo e leitor empírico?

   a) O leitor-modelo existe enquanto uma pessoa real, "de carne e osso", ao passo que o leitor empírico é um tipo de personagem criado pelo autor empírico.

b) O leitor-modelo necessita de uma competência gramatical e de uma competência enciclopédica para compreender a obra, ao passo que o leitor empírico não precisa de nenhuma dessas competências.
c) O leitor-modelo é uma estratégia criada pelo autor, um conjunto de marcas construídas no próprio texto a fim de serem decodificadas, ao passo que o leitor empírico é cada pessoa que efetivamente lê a obra.
d) O leitor empírico é uma estratégia criada pelo autor, um conjunto de marcas deixadas por ele a fim de ser decodificadas por um leitor idealizado, ao passo que o leitor-modelo é cada pessoa que efetivamente lê a obra.
e) O leitor empírico deve ter competência gramatical e competência enciclopédica para compreender a obra, ao passo que o leitor-modelo não necessita de nenhuma dessas competências.

5. Qual das alternativas a seguir define, da melhor forma, a diferença entre autor-modelo e autor empírico?
    a) O autor empírico existe como um ser externo à obra, ao passo que o autor-modelo pode ser sempre identificado com o narrador.
    b) O autor empírico equivale à pessoa que efetivamente escreveu uma obra ou um conjunto de obras literárias, ao passo que o autor-modelo pode ser identificado, por vezes, com o narratário.
    c) O autor-modelo é o ser externo à obra, responsável por sua criação, ao passo que o autor empírico é uma representação criada com base não apenas no conjunto de sua obra, mas também nos discursos que circulam ao seu redor.

d) O autor empírico é o ser externo à obra, responsável por sua criação, ao passo que o autor-modelo é uma representação criada com base não apenas no conjunto de sua obra, mas também nos discursos que circulam ao seu redor.
e) O autor empírico situa-se no circuito da palavra configurada, ao passo que o autor-modelo situa-se no circuito externo à palavra configurada.

(7)

Perspectivas teóricas e históricas dos gêneros literários

*Angela da Rocha Rolla é licenciada em Letras pela Universidade Federal do Rio Grande do Sul (UFRGS), especialista em Literatura Infanto-Juvenil e doutora em Teoria Literária pela Pontifícia Universidade Católica do Rio Grande do Sul (PUCRS). É coordenadora do curso de Letras da Universidade Luterana do Brasil (Ulbra) (campus de Guaíba). Atua como pesquisadora e professora de graduação e pós--graduação no ensino superior e como supervisora na rede municipal de ensino de Porto Alegre. Mantém ativo o Programa de Leitura Fome de Ler desde 2003, com a parceria da Câmara Riograndense do Livro e de todos os municípios da região centro-sul do Estado do Rio Grande do Sul. Mantém também um grupo de pesquisa na Ulbra,
é membro ativo do Grupo de Trabalho de Leitura e Literatura Infanto-Juvenil da Associação Nacional de Pós-Graduação e Pesquisa em Letras e Linguística (Anpoll) e do Comitê de Letras e Artes da Fundação de Amparo à Pesquisa do Estado do Rio Grande do Sul (Fapergs).*

Angela da Rocha Rolla

Neste capítulo, serão apresentados os gêneros literários assim como sua história e seus principais protagonistas. Também serão explicadas mais em detalhe as diversas faces do conceito de gênero.

(7.1) Conceito de gênero

O conceito de gênero literário, aparentemente simples, é um dos mais controversos da teoria literária. O termo *gênero* vem do latim *genus, generis,* que significa "origem, tipo, classe, espécie". Em seu campo semântico estão também os termos *geração*, *geral*, *gene*, que sugerem uma distinção entre conjuntos de textos com base em determinados traços que os aproximam ou separam. A classificação das obras literárias em diversas categorias de acordo com elementos comuns remonta a Aristóteles – o primeiro teórico a esboçar uma doutrina dos gêneros.

Como explicado no Capítulo 2 deste livro, a concepção de Aristóteles (1966) sobre esse assunto está explicitada nos primeiros capítulos da *Poética*, quando o filósofo grego se refere às espécies de poesia: a epopeia, a tragédia, a comédia, o ditirambo, a aulética e a citarística. Em seguida, Aristóteles passa a estabelecer as diferenças entre tais espécies, de acordo com seu meio, modo ou objeto de imitação. Embora privilegiando a tragédia, ele enfatizou os primeiros, fornecendo os subsídios teóricos para a tripartição clássica que seria realizada mais tarde no Renascimento: gêneros lírico, épico e dramático.

Aristóteles já tinha consciência de que os gêneros deveriam ser analisados de modo comparativo: na *Poética*, o filósofo descreveu as diferentes espécies, do ponto de vista da estrutura e do funcionamento, como textos que, para serem eficientes, deveriam comover ou convencer seus leitores. A distinção que o pensador macedônico faz entre os gêneros considerando os modos de imitação – modo narrativo, como na epopeia, e modo dramático, como na tragédia e na comédia – deixa de fora a poesia lírica, visto que ela não pertence nem ao modo narrativo nem ao modo dramático.

Vejamos, no capítulo final da *Poética*, a evidência do método de estudo aristotélico e a supremacia da tragédia sobre a epopeia do ponto de vista da mimese:

> *Mas a tragédia é superior porque contém todos os elementos da epopeia (chega até a servir-se do metro épico), e demais, o que não é pouco, a melopeia e o espetáculo cênico, que acrescem a intensidade dos prazeres que lhe são próprios [...] e também a vantagem que resulta de, adentro de mais breves limites, perfeitamente realizar a imitação (resulta mais grato*

o condensado, que o difuso por largo tempo; imagine-se, por exemplo, o efeito que produziria o "Édipo" de Sófocles em igual número de versos que a "Ilíada") [...]. Se a tragédia é superior por todas estas vantagens e porque melhor consegue o efeito específico da arte é claro que supera a epopeia e, melhor que esta, atinge a sua finalidade. (Aristóteles, 1966, p. 102)

(7.2) Percurso histórico e concepções teóricas

Ao longo da história literária, o propósito descritivo e classificatório da *Poética* deu lugar a outras formas e interpretações, de acordo com a evolução do conceito de literatura. Como já afirmado no Capítulo 2, a *Poética* foi mais divulgada na Europa a partir do século XVI, especialmente por meio de tradutores italianos. É inegável a importância histórica dessa obra para os séculos seguintes. Em cada período, o conceito de gênero sofreu transformações assumindo caráter descritivo ou dogmático, com regras rígidas ou legitimando as formas híbridas.

Depois de Aristóteles, muitos foram os autores que se dedicaram à teoria dos gêneros: Horácio (65-8 a.C.), Quintiliano (35-100 d.C.), Boileau-Despréaux (1636-1711), Goethe (1749-1832), Schlegel (1772-1829), Hegel (1770-1831), Benjamin (1892-1940) e Lukács (1885-1971), para citar apenas alguns dos mais importantes. O longo percurso histórico da teoria dos gêneros pode ser sintetizado em três fases, de acordo com as diferentes concepções:

- A clássica, que abrange os gregos Platão e Aristóteles e os romanos Horácio e Quintiliano, até o neoclassicismo com a *Arte poética* de Boileau (Boileau-Despréaux, 1818).
- A romântica, que pode ser sintetizada com a *Estética* de Hegel (1956) e o *Prefácio de Cromwell* de Victor Hugo (2002).
- A moderna, dos formalistas russos até os dias atuais.

Na FASE CLÁSSICA, predominou a visão dos gêneros como espécies fixas que obedecem a regras predeterminadas. Os humanistas levavam ao extremo os postulados estéticos renascentistas: entendiam os gêneros como fórmulas fixas sustentadas por regras inflexíveis às quais os escritores deveriam obedecer cegamente.

Na FASE ROMÂNTICA, a visão era outra: consideravam-se os gêneros "impuros" ou "mistos", pois cada obra apresentaria diferentes combinações de características de gêneros diversos. Em lugar da ordem absoluta, passaram a ser valorizados a liberdade e o relativismo; em lugar da normatividade, desenvolveu-se uma teoria manifestamente descritiva. Não havia mais limitação de gêneros nem regras estritas a seguir.

Na FASE MODERNA, houve ruptura radical dos paradigmas clássicos. Segundo Soares (2005), os movimentos de vanguarda do século XX levaram a ruptura às últimas consequências, promovendo uma reestruturação tão violenta que, muitas vezes, não é possível sequer delimitar fronteiras entre a prosa e a poesia ou entre a narrativa e o poema, restando apenas a noção de texto.

No *Dicionário de termos literários*, Massaud Moisés (2004, p. 245) propõe de modo bem didático duas alternativas de interpretação dos gêneros ao longo da história: "a) realista, pressupõe que os gêneros, à semelhança das ideias platônicas, constituem realidade única, perene e preexistente; b) nominalista, encara as ideias e os gêneros como simples denominações da verdadeira realidade, as obras literárias".

Essa dualidade reflete as seguintes questões: Os gêneros literários são preexistentes às obras ou, ao contrário, abstrações extraídas de algumas obras-primas mais geralmente imitadas? São limitadores da liberdade do escritor? Qual é o número de gêneros existente? Cada espécie nova inaugura um novo gênero?

Em suma, as diferentes teorias sobre o problema dos gêneros refletem invariavelmente o que representa o gênero literário e como essa representação se produz.

(7.3) Fase clássica

O poeta romano HORÁCIO, em sua obra conhecida como *Arte poética* ou *Epístola aos Pisões* (Flacco, 1790), reformulou e popularizou os conceitos aristotélicos, constituindo um elo entre o pensamento clássico e o renascentista, e, em parte, responsável pelo restabelecimento da teoria dos gêneros no Renascimento. Horácio enfatizou a noção de ordem e de coerência da obra de arte, conceitos fundamentais para a formulação da lei das unidades de tempo, de lugar e de ação no Renascimento. Os séculos XVII e XVIII devem ainda a Horácio a ideia de que cada gênero deveria ter um único assunto, um caráter e um metro apropriado, reforçando sua individualidade.

A IDADE MÉDIA se afastou da tradição clássica e viu surgirem novas espécies, como a poesia trovadoresca (de inspiração provençal), que não apresentava os temas filosóficos que a poesia lírica greco-latina apresentava. Segundo Moisés (2004, p. 241), "a pobreza doutrinária em assuntos literários no curso da Idade Média foi compensada com a criação de variedades formais novas". Mesmo sem textos teóricos norteadores, os escritores medievais tiveram a consciência de certos modelos aos quais tentavam se assemelhar, o que configura a própria noção de gênero.

Angélica Soares (2005), na obra *Gêneros literários*, aponta o valor dado pela CRÍTICA RENASCENTISTA (século XVI) aos postulados teóricos greco-latinos, caracterizando-se essa crítica pela leitura da mimese aristotélica como imitação da natureza, e não como um processo de recriação. A arte dos antigos é considerada superior e, por consequência, seus preceitos deveriam ser seguidos rigidamente; ressurgiu com força a imutabilidade dos gêneros em perfeito acordo com a defesa da universalidade da arte.

No NEOCLASSICISMO (século XVII), o valor da arte estava centrado na razão. O nome que despontou nessa fase foi o de Nicolas Boileau-Despréaux, com sua *Arte poética* (Boileau-Despréaux, 1818), documento essencial para o estudo dos gêneros sob o ponto de vista do racionalismo francês: equilíbrio, bom senso, adequação e clareza são as condições necessárias para compor uma obra literária. Os preceitos horacianos permaneceram: vigorava ainda a pureza dos gêneros literários, recusando-se a mistura de estilos, temas ou emoções na mesma obra. Essa posição era defendida especialmente pelo neoclassicismo francês, que discordava, entre outras questões, das soluções discursivas mistas do teatro shakespeariano, pois William Shakespeare (1564-1616) "misturaria" o trágico com o cômico, contrapondo-se a muitas concepções clássicas e inaugurando um novo modo de entender a arte.

As vozes divergentes levariam, ainda no século XVII, à conhecida querela entre antigos e modernos. Os MODERNOS (futuramente denominados *barrocos*) defendiam a liberdade formal, enquanto os antigos defendiam a imutabilidade das regras greco-romanas. A questão foi polêmica: um novo sentido da historicidade do homem e da cultura clamava por formas literárias inovadoras; são justamente essas novas formas nascentes – a exemplo do romance e do drama burguês – que provocaram uma ruptura em relação às normas rígidas.

(7.4) Fase romântica

Na metade do século XVIII, o movimento pré-romântico alemão *Sturm und Drang* condenava qualquer tipo de classificação literária. A concepção do poeta como um gênio, de cuja interioridade irrompe intempestivamente a poesia, levava à valorização da INDIVIDUALIDADE e da AUTONOMIA DE CADA OBRA. Hugo (2002), no polêmico *Prefácio de Cromwell*, afrontou as convenções estéticas clássicas cultivadas por seus contemporâneos. O autor, citado por Cunha (1979, p. 95), argumenta que "se na natureza o belo coexiste ao lado do feio, não compete ao homem retificar Deus e sim seguir o seu exemplo, na aliança dos contrários. Da união do grotesco e do sublime nasce a complexidade do gênio moderno, oposto à uniforme simplicidade dos antigos". Victor Hugo defendia o HIBRIDISMO DOS GÊNEROS e classificava como artificial a separação da tragédia e da comédia e de outros gêneros entre si. O pré-romantismo proclamou a força criadora do gênio, conceito que mais tarde os românticos desenvolveram com características próprias, sem excluir os gêneros, mas legitimando suas misturas.

O tema não se esgota nunca e ainda é alvo de debates. O crítico e professor francês Ferdinand Brunetière (1849-1906) o concebe à luz da história natural (teorias evolucionistas adaptadas à literatura). O autor, citado por Moisés (2004, p. 244), considera que os gêneros, como autênticos seres vivos, nascem, crescem e morrem, sujeitos, pois, às LEIS DA EVOLUÇÃO que regem a existência de todo ser biológico.

Sobre essa concepção, contrapõe-se o crítico italiano Benedetto Croce (1866-1952), com genialidade e lucidez, em sua obra *A poesia: introdução à crítica e história da poesia e da literatura* (Croce, 1967). Para ele, perverteu-se o conceito histórico da filosofia idealista em evolucionismo positivista; houve quem tentasse aplicar à poesia a evolução das espécies de Charles Darwin (1809-1882). Surgiu uma história literária em que os gêneros proliferavam e se multiplicavam sem necessidade do sexo oposto, lutavam entre si e se suplantavam, havendo os que desapareciam e os que saíam vencedores da luta pela existência (Croce, 1967).

Croce critica o enrijecimento dos gêneros e a sujeição da criação poética à historicidade. Segundo o autor,

> *a história da poesia passou a ser concebida através dos gêneros, despedaçando as personalidades poéticas [...] e examinando o poeta segundo houvesse cultivado mal ou bem os gêneros e observado as suas leis. Um pedaço de Dante, Ariosto, Tasso ou Alfieri, [sic] era incluído na história do gênero lírico, outro na da sátira, outro na da épica, outro na da tragédia, outro na da comédia, e o seu conjunto em nenhum lugar. Nesta distribuição, cada um deles era colocado não só na companhia de outros grandes poetas, mas também na de pobres coitados, que talvez tenham sido mais louvados que eles, pois os poetas se atreviam a violar os gêneros quando*

arrebatados pela fantasia, ao passo que esses pobres coitados se submetiam e conviviam castamente na divisão, sob tutela das leis e da doutrina. A exigência histórica, ao se tornar mais intensa no século XIX, penetrou nesta forma de história da poesia e forçou a sua adaptação ao conceito do desenvolvimento, isto é, da historicidade. (Croce, 1967, p. 213-214)

O debate continuou aberto no século XX, repercutindo sobre o pensamento de Croce, como no caso de Vossler (1872-1949), e recebendo contribuições dos formalistas russos – especialmente Chklovski (1893-1984), Tynianov (1894-1943), Tomachevski (1866-1939) e Jakobson (1896-1982) –, além de importantes teóricos como Staiger (1908-1987), com seu *Conceitos fundamentais da poética* (1969), e Frye (1912-1991) em *Anatomia da crítica* (1973), entre muitos outros.

(7.5) Fase contemporânea

A teoria da literatura de René Wellek e Austin Warren marcou o início de uma nova visão dos estudos literários contemporâneos, distinguindo-se da metodologia das poéticas clássicas, que ditavam regras para a produção artística e elegiam as espécies literárias que deveriam ser praticadas. Já as poéticas modernas consagraram as modalidades mistas que combinam diferentes tipos de discurso na mesma obra, questão apenas vislumbrada por Aristóteles quando tratou da epopeia.

Para ficar clara a complexidade a que chegou a questão dos gêneros na atualidade e o caminho que será tomado a seguir, é importante destacar Bóris Tomachevski (1866-1939), em *Teoria da literatura: formalistas russos* (Tomachevski, 1978). O autor ucraniano faz uma abordagem sobre os gêneros literários no que se refere à temática, especialmente na passagem em que explicita o conceito de gênero e traço sob o ponto de vista formalista:

Observamos na literatura viva um agrupamento constante de procedimentos; estes se combinam em certos sistemas que vivem simultaneamente, mas são aplicados em obras diversas [...]. Os procedimentos de construção são agrupados em torno daqueles que são perceptíveis. Assim criam-se classes particulares de obras (os gêneros) que se caracterizam por um agrupamento em torno daqueles PROCEDIMENTOS PERCEPTÍVEIS, *chamados traços do gênero. Os traços do gênero, isto é, os procedimentos que organizam a composição da obra, são dominantes, isto é, todos os outros procedimentos necessários à criação do conjunto artístico estão submissos a ele.* (Tomachevski, 1978, p. 203, grifo nosso)

Os gêneros, nessa perspectiva, contêm traços e são determinados pela dominância destes e não estariam, assim, limitados a um procedimento padrão, em vista de sua dimensão histórica: os mesmos procedimentos podem levar a diferentes resultados em diferentes momentos. Lendo Tomachevski (1978), é possível perceber que as concepções formalistas trazem pontos importantes para compreender os teóricos que os sucederam no estudo dessa questão:

Voltando ao conjunto historicamente isolado de obras literárias reunidas por um sistema comum de procedimentos em que alguns dominam e unificam outros, vemos que não podemos estabelecer nenhuma classificação lógica e fechada dos gêneros. Sua dimensão é sempre histórica, isto é, justificada unicamente por um certo tempo; ademais, esta distinção se formula simultaneamente em muitos traços e os traços de um gênero podem ser de uma natureza inteiramente diversa da natureza daqueles de um outro gênero. Ao mesmo tempo, continuam logicamente compatíveis entre si, porque sua distribuição não obedece senão às leis internas da composição estética [...]. É preciso igualmente salientar que a classificação dos gêneros é complexa. As obras distribuem-se em vastas classes que, por seu lado, diferenciam-se em modelos e espécies. Neste sentido, descendo na escala dos gêneros, chegaremos, a partir das classes abstratas, às distinções históricas concretas (o poema de Byron, a novela de Tchekov, o romance de Balzac, a ode espiritual, a poesia proletária) e até mesmo às obras particulares. (Tomachevski, 1978, p. 203-204)

Sem querer esgotar o assunto, será analisado neste ponto do texto um teórico que leva o leitor a um caminho relativamente seguro: não abandona a tripartição clássica, mas a considera sob outra perspectiva.

Staiger, em *Conceitos fundamentais da poética* (1969), afasta-se da visão substantiva dos gêneros clássicos, estabelecendo uma diferença entre os CONCEITOS SUBSTANTIVOS (*lírica, épica* e *drama*) e os CONCEITOS ADJETIVOS (*lírico, épico* e *dramático*).

Para Staiger, citado por Cunha (1979, p. 96), os substantivos *lírica, épica* e *drama* referem-se ao ramo em que se classifica a obra, de acordo com determinadas características formais. Os poemas de breve extensão, que expressam estados de alma, se enquadram na lírica. O relato ou apresentação de uma ação pertence à épica, enquanto a representação da ação, movida por um dinamismo de tensão, situa-se no drama. Os adjetivos *lírico, épico* e *dramático* definem a essência, isto é, os traços característicos da obra, manifestos por seus fenômenos estilísticos.

Staiger (1969) demonstra, em sua teoria, que traços estilísticos líricos, épicos ou dramáticos podem ou não estar presentes em um texto, independentemente de seu gênero, ou seja, um drama pode ter também traços líricos ou uma comédia pode apresentar elementos trágicos. Uma obra não pertence exclusivamente a um gênero; é constituída também da essência ou dos traços de outros gêneros. Nessa perspectiva, a rigidez das categorias se desfaz, permitindo que a obra seja valorizada em todas as suas possibilidades.

Atividades

1. Os estudos sobre os gêneros são situados cronologicamente em três fases: clássica, romântica e contemporânea. Complete os parênteses, associando os conceitos à fase correspondente:

    1. Fase clássica
    2. Fase romântica
    3. Fase contemporânea

    ( ) Imutabilidade dos gêneros em perfeito acordo com a universalidade da arte.
    ( ) Os gêneros apresentam traços que os determinam por meio de sua dominância.

( ) Valorização da autonomia e da individualidade da arte.

( ) Os gêneros nascem, crescem e morrem sujeitos às leis da evolução que regem os seres biológicos.

A sequência correta, de cima para baixo, é:

a) 3; 2; 3; 1.
b) 1; 3; 2; 1.
c) 1; 3; 2; 2.
d) 2; 1; 3; 1.
e) 2; 3; 2; 2.

2. Assinale a afirmação que não corresponde à visão de Hugo (2002) sobre os gêneros literários:

a) O autor defende o hibridismo dos gêneros e a artificialidade da separação da tragédia e da comédia.
b) Cada gênero deve ter um tema, um caráter e um metro apropriado.
c) A distinção dos gêneros se desmorona diante da razão e do gosto.
d) O autor afronta as convenções estéticas clássicas cultivadas pelos seus contemporâneos.
e) A verdadeira poesia está na harmonia dos contrários.

3. Qual fragmento a seguir revela a ideia de imutabilidade dos gêneros?

a) Quanto à métrica, prova a experiência que é o verso heroico o único adequado à epopeia; efetivamente, se alguém pretendesse compor uma imitação narrativa, quer em metro diferente do heroico, quer servindo-se de metros vários, logo se aperceberia da inconveniência da empresa (Aristóteles, 1966).
b) Sente-se em todos os poemas homéricos um resto de poesia lírica e um começo de poesia dramática. A ode e o drama se cruzam na epopeia. Há tudo em tudo; mas existe em cada coisa um elemento gerador ao qual se subordinam todos os outros e que impõe ao conjunto seu caráter próprio (Hugo, 2002).

c) Os danos ocasionados pelo enrijamento dos esquemas preceitísticos são mais notáveis exatamente na crítica da literatura, na qual fizeram prevalecer, por um tempo mais ou menos longo, os seus juízos de louvor ou reprovação, atuando sobre a opinião comum e oficial das pessoas letradas e dos livros, embora não tenham conseguido atuar sobre o efetivo prazer e desprazer, sobre o gosto e o desgosto estético, que continuaram a se movimentar livremente e se manifestaram ora velada ora hereticamente, conforme os casos e as pessoas.
d) O romance europeu do século XIX é uma forma sincrética que não contém senão alguns elementos de narração e que, às vezes, separa-se inteiramente deles.
e) O romantismo não limita o número de possíveis gêneros nem dita regras aos autores, antes supõe que os gêneros tradicionais podem mesclar-se e produzir um novo gênero (Wellek; Warren, 2003).

4. A visão de Staiger (1969) sobre os gêneros aponta para:
   a) uma classificação complexa das espécies literárias.
   b) uma concepção substantiva dos gêneros.
   c) uma terminologia que se afasta radicalmente da lírica, da épica e do drama.
   d) uma concepção flexível, que não engessa as espécies em apenas uma categoria.
   e) uma divisão em múltiplas espécies.

(8)

Gêneros literários

Angela da Rocha Rolla

O capítulo anterior abordou a história dos gêneros, analisando-os de acordo com as concepções de alguns teóricos que nortearam o pensamento crítico de sua época. O presente capítulo detalhará cada gênero – lírico, épico e dramático – focalizando seus traços principais. Como foi visto, os estudos de Staiger, entre outros teóricos, permitem entrever uma possibilidade de manter a terminologia tradicional, mas sem suas limitações.

(8.1) Gênero lírico

A aproximação da poesia com a música vem de sua origem: *lírica* é uma palavra de origem grega que referia-se, inicialmente, à canção que se cantava ao som da lira ou da flauta. Os cantos líricos, já na sua origem, eram marcados pela subjetividade e emotividade, caracterizados pela aproximação entre o eu lírico e o mundo. Na Europa medieval, além da lira, as composições poéticas – denominadas *cantigas* – eram acompanhadas por outros instrumentos de corda, como o alaúde, a viola e a guitarra, mantendo a estreita relação entre poesia e música. Essa associação entre a letra e a pauta musical foi se extinguindo na medida em que os trovadores medievais perderam seu *status* social. Quando isso aconteceu, poesia e música se divorciaram, mas a musicalidade não se perdeu: recursos como repetições de sons, palavras e versos, estrofes que criam rimas, ritmos e sonoridades permaneceram na forma literária, mesmo com a separação entre poesia e música.

A MUSICALIDADE é a essência do gênero lírico, como é possível observar, por exemplo, no conhecido poema "A valsa", de Casimiro de Abreu (1839-1860):

> *Tu, ontem,*
> *Na dança*
> *Que cansa,*
> *Voavas*
> *Co'as faces*
> *Em rosas*
> *Formosas*
> *De vivo,*
> *Lascivo*
> *Carmim;*
> *Na valsa*
> *Tão falsa,*
> *Corrias,*
> *Fugias,*

Ardente,
Contente,
Tranquila,
Serena,
Sem pena
De mim!
[...]

Fonte: Abreu, 2016.

A essência do lírico se manifesta por meio de características que lhe são próprias e que podem estar presentes em qualquer composição literária. Um conto pode conter elementos líricos, mas não deixará de ser conto pelos seus traços predominantes que o fazem épico ou narrativo, e não lírico. A forma poética em versos não configura necessariamente um poema lírico. Existem obras em versos com o predomínio de traços de outros gêneros, como os poemas épicos (por exemplo, a *Odisseia,* de Homero e *Os Lusíadas,* de Camões) ou as tragédias de Shakespeare, que pertencem mais propriamente aos ramos da épica e do drama.

O lírico é essencialmente a expressão de um EU QUE EXPRIME SENTIMENTOS, emoções, pensamentos em simbiose com o mundo, ou seja, não se evidencia na poesia lírica o distanciamento entre sujeito e objeto; pelo contrário, há aparentemente uma fusão, o eu e o mundo parecem um só, sem se delinearem os contornos temporais e espaciais que a narrativa permite.

É possível tomar como exemplo "O Gondoleiro do amor", de Castro Alves (1847-1871):

Teus olhos são negros, negros,
Como as noites sem luar...
São ardentes, são profundos,

Como o negrume do mar;
Sobre o barco dos amores,

Da vida boiando à flor,
Douram teus olhos a fronte
Do gondoleiro do amor.

Tua voz é a cavatina
Dos palácios de Sorrento,
Quando a praia beija a vaga,
Quando a vaga beija o vento.

E como em noites de Itália,
Ama um canto o pescador,
Bebe a harmonia em teus cantos
O Gondoleiro do amor.

Teu sorriso é uma aurora,
Que o horizonte enrubesceu,
– Rosa aberta com o biquinho
Das aves rubras do céu;

Nas tempestades da vida
Das rajadas no furor,
Foi-se a noite, tem auroras
O Gondoleiro do amor.

Teu seio é vaga dourada
Ao tíbio clarão da lua,
Que, ao murmúrio das volúpias,
Arqueja, palpita nua.

Como é doce, em pensamento,
Do teu colo no langor
Vogar, naufragar, perder-se
O Gondoleiro do amor!?

Teu amor na treva é – um astro,
No silêncio uma canção,
É brisa – nas calmarias,
É abrigo – no tufão;

Por isso eu te amo, querida,

Quer no prazer, quer na dor...
Rosa! Canto! Sombra! Estrela!
Do Gondoleiro do amor.

Fonte: Alves, 2010.

Embora o poema apresente referências espaciais – Itália, Sorrento, barco, gondoleiro, cavatina, mar –, estas não se configuram como um lugar onde acontecem fatos em um tempo determinado. Mar, barco, gondoleiro e outras referências são utilizadas para expressar um sentimento pela dama de olhos negros, com a profundidade e os mistérios do mar. O tempo é o presente – o não tempo. Não há uma história para contar, não se definem personagens.

Conforme Cunha (1979, p. 98),

Quanto mais lírico o poema, menor será a distância entre o eu e o mundo, que se fundem e se confundem. Quando aparecem descrições, análises, diálogos ou reflexões no poema, instaura-se um distanciamento entre o sujeito e o objeto e o clima lírico desvanece com a acentuação dos traços épicos ou dramáticos.

A manifestação lírica não pode se dar em grande extensão. A brevidade e a concisão são necessárias para manter o clima de emotividade. Aristóteles já dizia, na *Poética*, que as coisas grandes demais não podem ser belas, a essência está na justa medida. A expressão lírica é individual, pessoal e necessita de um eu para manifestá-la – o EU LÍRICO. O eu lírico não deve ser confundido com o autor do poema. Como foi visto no Capítulo 6 deste livro, o autor empírico é uma instância externa, autobiográfica. O eu lírico também não é personagem na medida em que o lírico não configura um mundo (como o narrativo), sendo, então, um elemento da própria construção poética. Esta se dá, então, invariavelmente na primeira pessoa: "Por isso eu te amo querida / Quer no prazer, quer na dor..." (Alves, 2010).

A predominância de traços líricos poderá situar uma obra literária no gênero lírico. Os principais traços que definem a lírica são a BREVIDADE, a MUSICALIDADE, O RITMO, a REPETIÇÃO (rima, paralelismo, aliteração, assonância) e o DESVIO DA NORMA GRAMATICAL em todos os níveis (semântico, morfológico, sintático, fonológico). Esses traços não são excludentes, mas interdependentes. Por exemplo: a repetição é a base estrutural do ritmo, a rima produz musicalidade, a metrificação induz ao desvio da norma e assim por diante.

As formas métricas mais praticadas por poetas líricos de língua portuguesa são o soneto, a canção, o rondó, a balada, o madrigal, o epigrama, a elegia e a écloga. A forma utilizada, no entanto, não pode definir, *a priori*, o gênero: isso só acontecerá se houver predominância dos traços apontados.

(8.2) Gênero épico ou narrativo

O termo épico deriva do grego *épos*, que significa "recitação". As espécies literárias mais praticadas no gênero épico ou narrativo são a epopeia, a novela de cavalaria, a fábula, o romance, o conto e a crônica.

A essência épica mostra-se por meio de traços específicos. A predominância desses traços permite situar determinada obra no gênero épico. São eles: a presença de um NARRADOR, a GRANDE EXTENSÃO, o PASSADO e a criação de um MUNDO FICCIONAL COM ENREDO, PERSONAGENS, TEMPO E ESPAÇO DEFINIDOS.

A epopeia, primeira manifestação do épico, refere-se à narrativa em versos de um fato grandioso e maravilhoso que interessa a um povo. Era, em sua origem, recitada para um grupo de ouvintes, havendo um distanciamento entre o narrador e o objeto narrado. Apresentava-se como uma poesia objetiva, impessoal, caracterizada pela presença de um narrador falando do passado; em termos formais, caracterizava-se por sua forma fixa. Tinha temática ligada a deuses e heróis, normalmente com um episódio grandioso e heroico da história de um povo, como a guerra de Troia na *Ilíada*, de Homero, e as navegações de Vasco da Gama em *Os Lusíadas*, de Camões. Foi, durante muito tempo, a principal expressão literária do gênero épico.

A epopeia em muito se distancia das narrativas modernas como o romance, o conto e a crônica (note-se que estamos usando os conceitos de *épico* e *narrativo* indistintamente). Apesar disso, o gênero ainda conserva seus elementos essenciais, isto é, os traços que o definem. É por isso que podemos considerar igualmente épicas ou *narrativas* obras tão distintas como a *Odisseia*, de Homero, e *O cortiço*, do maranhense Aluísio de Azevedo (1857-1913).

Podemos identificar os principais elementos épicos no trecho a seguir:

Bertoleza, que havia já feito subir o jantar dos caixeiros, estava de cócoras no chão, escamando peixe, para a ceia do seu homem, quando viu parar diante defronte dela aquele grupo sinistro. [...] adivinhou que tinha sido enganada; que a sua carta de alforria era uma mentira, e que o seu amante, não tendo coragem para matá-la, restituía-a ao cativeiro. Seu primeiro impulso foi de fugir. Mal, porém, circunvagou os olhos em torno de si, procurando escapula, o senhor adiantou-se dela e segurou-lhe o ombro.

— É esta! disse aos soldados que, com um gesto, intimaram a desgraçada a segui-los. – Prendam-na! É escrava minha!

A negra, imóvel, cercada de escamas e tripas de peixe, com uma das mãos espalmada no chão e com a outra segurando a faca de cozinha olhou aterrada para eles, sem pestanejar.

Os polícias, vendo que ela se não despachava, desembainharam os sabres. Bertoleza então, erguendo-se com ímpeto de anta bravia, recuou de um salto e, antes que alguém conseguisse alcançá-la, já de um só golpe certeiro e fundo rasgara o ventre de lado a lado.

E depois emborcou para a frente, rugindo e esfocinhando moribunda numa lameira de sangue. (Azevedo, 1997, p. 259)

No fragmento mostrado, que obedece aos cânones naturalistas, nota-se nitidamente um narrador que expõe de forma direta os acontecimentos e o final trágico da personagem, que está inserida em um contexto espaço-temporal definido. Em vez da imprecisão de contornos do lírico, há, no texto, um distanciamento entre o sujeito (narrador) e o objeto (mundo narrado). Na visão de Staiger (1969), configura-se o confronto entre quem narra e o que narra, necessário para o relato de acontecimentos passados – próprio da essência épica.

(8.3) O gênero dramático

A palavra *drama* vem do grego *dráma* e significa "ação". Ao gênero dramático pertencem os textos, em verso ou prosa, feitos com o propósito de serem REPRESENTADOS.

É importante estabelecer a diferença entre teatro e literatura. Embora a literatura dramática seja concebida tendo em vista a sua representação, ela é uma obra que pode igualmente ser lida em casa pelo leitor comum. Assim, há diferença entre o texto literário que se folheia e o espetáculo resultante de sua representação diante de uma plateia.

Os dramas, os autos, as farsas e as comédias são passíveis de leitura silenciosa, à semelhança da narrativa e da poesia. No entanto, o fato de o texto dramático visar à encenação acaba por repercutir em seu modo de organização, impondo-lhe, por exemplo, limitação de DURAÇÃO (as representações geralmente não se estendem por mais de duas horas) e restrição na composição dos CENÁRIOS por conta das dificuldades práticas de reprodução de determinados ambientes e dos limites do palco. Além disso, a limitação temporal e espacial torna-se uma contingência do gênero dramático.

Um importante traço marcante do gênero dramático é a AÇÃO INTENSA. As histórias dramáticas costumam ser dinâmicas, apresentando uma novidade constante. Há uma situação inicial complicada, que evolui em um ritmo crescente de complicação, até desembocar no desfecho, no qual alguma solução sobrevém à crise, e a tensão diminui. Considerando a relativa brevidade dos textos dramáticos, o início das ações se situa em posição não muito distante do final, em um ponto em que os acontecimentos entram em rota de colisão e precipitam o desfecho. Há, necessariamente, uma restrição nos acontecimentos e nos pormenores, permanecendo apenas o essencial da história, desdobrada a partir de um ponto crucial em direção à solução, que é atingida sem muitos rodeios ou digressões.

A necessidade de dinamismo da ação dramática repercute na determinação do espaço e do tempo ficcionais, como já foi mencionado. A *Poética* de Aristóteles (1966) já advertia para a peculiar contenção do drama e indicava o espaço de um sol como medida ideal para o desenvolvimento de toda a história. Apontava também a unidade de TEMPO, de ESPAÇO e de AÇÃO como procedimento mais adequado ao gênero, o que se chamou de *lei das três unidades*. Indicava, assim, que as ações de maior impacto dramático aconteçam em um espaço único, ao longo de um dia, no máximo. A observação de Aristóteles tem sua lógica baseada na potencialização do impacto textual, quando os acontecimentos se concentram e possibilitam uma recepção em bloco, prevenindo a dispersão da atenção, que pode resultar da retratação de muitos elementos ao mesmo tempo. Da lei das três unidades resulta a simplificação estrutural da obra e a possibilidade de se intensificar a profundidade do conflito sem dificultar a decodificação do leitor ou espectador.

Outro traço do gênero é o DIÁLOGO, essencial ao dinamismo da ação e à concentração de efeitos e recursos (já citados). O diálogo encontra uma posição natural no drama, em que a progressão da ação se faz exatamente por contraposição de partes em conflito. Cabe ao diálogo fazer a ação evoluir. Ao mesmo tempo que revela a progressão do conflito, pode concentrá-lo em espaço e tempo menores, precisando envolver menor número de personagens, além de produzir um discurso vivo e variado.

O diálogo só se concretiza por meio das PERSONAGENS, tornando-as indispensáveis quando se pensa nas características do gênero dramático. O texto dramático confere à personagem um papel de extrema relevância, na qualidade de recurso praticamente único, se for levado em conta que mesmo a linguagem só pode aparecer quando elas intervêm. Tudo existe a partir das personagens. Na comparação com a narrativa, esse fato se ressalta, pois nas obras do gênero épico, embora importantes, as personagens são apenas mais um recurso entre outros. O mesmo não acontece com o drama. Esse gênero pode dispensar a determinação de época e de espaço, pode ignorar o recurso do narrador e pode restringir-se unicamente ao diálogo coloquial, mas, se a personagem falta, a cena fica vazia e parada.

Além dos traços do gênero já mencionados – ação, brevidade, concentração, unidade de ação, de tempo e de espaço, personagem, ausência de narrador, diálogo, conflito –, é possível acrescentar ainda a ESTRUTURA PROBLEMÁTICA definida por Staiger (1969). O autor caracteriza a estrutura da sequência textual dramática como problemática, ou seja, no drama, organizam-se elementos em número reduzido, ordenados de tal forma a reproduzir e acirrar o conflito entre partes divergentes. O conflito se revela e se encadeia em diálogos cada vez mais tensos, precipitando-se em bloco no rumo de um desfecho.

Atividades

1. Leia o fragmento a seguir, do poema épico "Caramuru", do frei Santa Rita Durão (1722-1784). O trecho reproduzido refere-se ao episódio da morte de Moema:

   Copiosa multidão da nau francesa
   Corre a ver o espetáculo, assombrada;
   E ignorando a ocasião da estranha empresa,
   Pasma da turba feminil, que nada,
   Uma que às mais precede em gentileza
   Não vinha menos bela, do que irada;
   Era Moema, que de inveja geme
   E já vizinha à nau se apega ao leme.

   — Bárbaro (a bela diz:) tigre e não homem...
   Porém o tigre, por cruel que brame,
   Acha forças amor, que enfim o dome;

Só a ti não domou, por mais que eu te ame.
Fúrias, raios, coriscos, que o ar consomem,
Como não consumis aquele infame?
Mas pagar tanto amor com tédio e arco...
Ah! Que corisco és tu... raio... penhasco!

Bem puderas, cruel, ter sido esquivo,
Quando eu a fé rendia ao teu engano;
Nem me ofenderas a escutar-me altivo,
Que é favor, dado a tempo, um desengano.
Porém, deixando o coração cativo,
Com fazer-te a meus rogos sempre humano,
Fugiste-me, traidor, e desta sorte
Paga meu fino amor tão crua morte?

Fonte: Moisés, 2005, p. 111.

O trecho exemplifica as reflexões teóricas contidas em todas as alternativas a seguir, EXCETO:

a) Nas obras do gênero dramático, o conflito se revela e se encadeia em diálogos cada vez mais tensos, precipitando-se em bloco no rumo de um desfecho.
b) A expressão lírica é individual, pessoal e necessita de um eu para manifestá-la.
c) Quando aparecem descrições, análises, diálogos ou reflexões no poema, instaura-se um distanciamento entre o sujeito e o objeto, e o clima lírico desvanece com a acentuação dos traços épicos.
d) As formas métricas mais praticadas por poetas líricos são o soneto, a canção, o rondó, a balada, o madrigal, o epigrama, a elegia e a écloga.
e) O drama chega aos espectadores por meio das ações e falas combinadas de personagens que se movimentam num palco.

2. Leia a oitava estrofe de "O Gondoleiro do amor", do poeta Castro Alves:

Como é doce, em pensamento,
Do teu colo no langor
Vogar, naufragar, perder-se
O Gondoleiro do amor!?

Fonte: Alves, 2010.

Esse fragmento apresenta elementos que caracterizam:
a) a presença de um narrador.
b) a localização espaçotemporal.
c) o distanciamento épico.
d) o desvio da norma gramatical.
e) a discursividade.

3. Leia o fragmento do *Auto da barca do inferno*, de Gil Vicente (1465-1537):

(Vem o Fidalgo e chegando ao barco infernal, diz:)

Fidalgo   Esta barca onde vai hora,
           Assim tão abastecida?
Diabo   Vai para a ilha perdida
           E há de partir nesta hora.
Fidalgo   Pra lá vai a senhora?
Diabo   Senhor, a vosso serviço.
Fidalgo   Parece-me isso cortiço.
Diabo   Porque a vedes lá de fora.
Fidalgo   Porém, a que terra passais?
Diabo   Para o Inferno, senhor.
Fidalgo   Terra é bem sem sabor.
Diabo   Quê? E também cá zombais?
Fidalgo   E passageiros achais
           para tal habitação?
Diabo   Vejo-vos em feição
           para ir ao nosso cais.

Fidalgo Parece-te a ti assim?
Diabo   Em que esperas ter guarida?
Fidalgo Que deixo na outra vida
          quem reze sempre por mim.
Diabo   Quem reze sempre por ti!
          Hi! Hi! Hi! Hi! Hi! Hi! Hi!
          E tu viveste a teu prazer,
          Cuidando cá guarecer
          Porque rezam lá por ti?
          Embarcai! Hou! Embarcai!,
          Que haveis de ir à derradeira.
          Mandai meter a cadeira,
          Que assim passou vosso pai.

FONTE: VICENTE, 2006, P. 69-70.

O texto tem características que podem situá-lo no gênero:

a) lírico, porque apresenta um eu lírico que exprime seus sentimentos e emoções sem delinear-se a construção de um mundo ficcional.
b) dramático, porque predominam os traços que o caracterizam, como o diálogo, a tensão, a personagem e o enredo.
c) épico, porque a ação é conduzida por um narrador.
d) dramático, porque predominam traços como brevidade, musicalidade, ritmo e repetição.
e) épico, porque se trata de uma longa narrativa em prosa.

4. Leia atentamente o fragmento de *Ricardo III*, de William Shakespeare:

Entra a velha duquesa de York, com os dois filhos de Clarence.
Menino   Vozinha querida, conte para nós: nosso pai morreu?
Duquesa Não, meu filho.
Menina   Por que a senhora chora tantas vezes e bate no peito? E grita "Ai, Clarence, meu filho infeliz".
Menino   Por que a senhora olha para nós e sacode a cabeça e nos chama

>   *de órfãos, desgraçados, proscritos, se o nosso nobre pai está*
>   *vivo?*
> Duquesa   *Meus lindinhos, vocês estão me entendendo mal, os dois. Estou*
>   *me lamentando pela doença do Rei, pois abomino a ideia de*
>   *perdê-lo. Não estou chorando a morte do pai de vocês. Seria*
>   *tristeza desperdiçada, verter lágrimas por quem já perdemos.*
> Menino   *Então a senhora conclui, minha avó, que ele está morto. O Rei*
>   *meu tio é o culpado. Deus fará justiça; eu O importunarei*
>   *com orações fervorosas, todas nesse sentido.*
> Menina   *Eu também.*
> Duquesa   *Caladas, crianças, caladas. O Rei lhes tem muito amor. Meus*
>   *queridos, inocentes e bobos, vocês não têm como adivinhar*
>   *quem causou a morte do pai de vocês.*
> Menino   *Vó, nós sabemos, porque o meu bom tio Gloucester me contou*
>   *que o Rei, levado a isso pela Rainha, inventou acusações para*
>   *mandar nosso pai para a prisão. E, quando o meu tio me contou*
>   *isso, ele chorou e ficou com pena de mim e bondosamente*
>   *me beijou a bochecha. Pediu-me que confiasse nele como em*
>   *meu pai, e ele me amaria como a um filho.*

Fonte: Shakespeare, 2007.

O trecho exemplifica as afirmações contidas em todas as alternativas a seguir, exceto:

a) O diálogo encontra uma posição natural no drama, no qual a progressão da ação se faz exatamente por contraposição de partes em conflito.
b) O diálogo só se concretiza por meio das personagens, o que as torna indispensáveis quando se pensa nas características do gênero dramático.
c) Nas obras do gênero épico, pode-se dispensar a determinação de época e de espaço e ignorar o recurso do narrador.

d) As histórias dramáticas costumam ser dinâmicas, apresentando uma novidade constante.
e) No drama teatral, as palavras se convertem em atos diante de um público.

5. Complete o fragmento a seguir e, depois, indique a alternativa que corresponde corretamente à ordem das palavras empregadas:

"Tal como a _____, a poesia _____ extrai quase sempre os seus temas da _____ e do _____ em vez de inventar novas histórias" (Danziger; Johnson, 1961, p. 100).

a) comédia; lírica; vida cotidiana; passado.
b) tragédia; épica; história; mito.
c) epopeia; épica; vida cotidiana; presente.
d) epopeia; lírica; história; mito.
e) comédia; épica; história; presente.

(9)

Aprofundando no gênero dramático

Mara Elisa Matos Pereira

O teatro apresenta uma grande variedade de modos de realização, que abrangem desde os espetáculos realizados nos teatros gregos até as mais ousadas experimentações contemporâneas. O capítulo anterior mostrou que o texto dramático é apenas um dos elementos que compõem o teatro em sua total realização. O texto evoca a encenação, que agencia uma série de elementos para se realizar. Por isso, é possível considerar o teatro um gênero de natureza híbrida, um caso limítrofe da criação literária. Como objeto estético, ele é multidimensional, pois, além do texto, lança mão da interpretação dos atores e do exercício de direção teatral, responsável pela concepção do espetáculo, além da construção do cenário, do figurino, da iluminação, da música e de outras linguagens não verbais.

Quando se fala do texto dramático, é inevitável que haja referências aos elementos semióticos que o constituem, pois o próprio texto dramático traz marcas que remetem a tais elementos.

No capítulo anterior, foram apresentadas algumas das principais características desse gênero: a ênfase dada à ação, a ausência do narrador, a organização do enredo de forma condensada, as limitações de tempo e espaço, entre outras. Todos esses traços estão presentes nas manifestações do gênero, constituem uma base; porém, como será visto a seguir, tais manifestações apresentam traços singulares marcantes que as diferenciam umas das outras. A partir deste ponto do texto, serão apresentadas as espécies dramáticas que mais ganharam destaque ao longo da história.

(9.1) Tragédia

A tragédia surgiu no século V a.C. e, segundo Aristóteles, teve origem nos cantos de louvor ao deus Dionísio, os DITIRAMBOS, uma espécie de canto-dança ritual em que se alternavam um solista em um coro. Sua origem aparece, então, ligada às manifestações rituais e agrárias. Diz Aristóteles (1966, p. 244):

> *Nascida, em seus inícios, da improvisação, a tragédia (como, aliás, a comédia, aquela procedendo dos autores de ditirambos, esta dos cantos fálicos, de que todavia persiste o hábito em muitas cidades), a tragédia, digo, evoluiu pelo desenvolvimento de quanto nela se manifestava. De transformação em transformação o gênero fixou-se, logo que atingiu sua forma natural [...]. Tendo partido de fábulas curtas e de uma elocução grotesca, a tragédia transformou-se, renunciando ao drama satírico, e já tarde revestiu-se de gravidade [...].*
>
> *A tragédia se apresenta como um* GÊNERO COMPOSTO, *em que os coros dionisíacos se misturam aos mitos de nobreza, provavelmente retirados dos cultos heroicos (Trabulsi, 2004). Isso significa que seu todo está*

dividido, segundo Aristóteles (1966), em duas formas: uma cantada, que a vincula ao ditirambo, e uma dialogada, correspondente às modificações que ocorreram ao longo da evolução do gênero e ao aproveitamento dos mitos gregos como ponto de partida para a construção das fábulas.

Na *Poética* (1966), a tragédia é definida como a imitação de uma AÇÃO IMPORTANTE E COMPLETA, apresentada em ESTILO AGRADÁVEL (com ritmo, harmonia e canto) por meio de atores, provocando o terror e a piedade e, assim, obtendo a purgação de emoções. Além disso, Aristóteles afirma que esse gênero não é a representação de homens, mas de ações, da vida, da felicidade e da infelicidade. Ela pretende mostrar certa maneira de agir, e não uma maneira de ser, pois, ainda de acordo com o filósofo grego (Aristóteles, 1996), os caracteres permitem qualificar o homem, mas é de sua ação que depende sua felicidade ou infelicidade.

Como já foi analisado no segundo capítulo deste livro, as ações representadas na tragédia são as dos HOMENS SUPERIORES, como os chamava Aristóteles, figuras dotadas de posição social elevada. O herói trágico é alguém que cai em desgraça em virtude de um erro que provoca a destruição de seu mundo. *Édipo rei*, de Sófocles (ca. 497-406 a.C), apresenta-nos um perfeito exemplo de herói trágico, pois, nessa obra,

> *se encontra aquela unidade de salvação que constitui um traço fundamental do trágico. Pois não é o aniquilamento que é trágico, mas o fato de a salvação tornar-se aniquilamento; não é no declínio do herói que se cumpre a tragicidade, mas no fato de o homem sucumbir no caminho que tomou justamente para fugir da ruína. Essa experiência fundamental do herói, que se confirma a cada um de seus passos, acaba por remeter a uma outra experiência: a de que é apenas no final do caminho para a ruína que estão a salvação e a redenção.* (Szondi, 2004, p. 89)

Aristóteles classificava os gêneros de acordo com os fatores formais e conteudísticos específicos de cada um. A tragédia e a epopeia, para ele, imitam os homens melhores do que realmente são (homens superiores), com mais elevada psique, com linguagem nobre, formal, erudita. Já a comédia, valendo-se de uma linguagem licenciosa, imita o homem inferior e o risível da condição humana.

Aristóteles (1966) afirma que os melhores meios para o poeta obter o belo trágico e causar terror e piedade estão relacionados à construção da fábula. É no desenrolar da ação que o trágico deve emergir com sua força esmagadora.

A tragédia grega apresenta, segundo o filósofo, os seguintes componentes: FÁBULA (o conjunto das ações representadas), CARACTERES (o que permite qualificar as personagens); PENSAMENTO, ELOCUÇÃO (a fala das personagens), MELOPEIA (a parte cantada pelo coro) e, por fim, o ESPETÁCULO (Aristóteles, 1966).

O texto trágico produzido pelos gregos está dividido da seguinte maneira:

- PRÓLOGO – É a parte da tragédia que vai até a entrada do coro. Nela, os atores mascarados, diante de um cenário, apresentam o argumento da peça e dão início ao desenvolvimento.
- PÁRODO – É a primeira intervenção do coro, realizada na orquestra (pista circular ocupada pelos coreutas no teatro grego).
- EPISÓDIOS – São partes do desenvolvimento da tragédia colocadas entre participações do coro.
- ESTÁSIMOS – São as participações do coro durante o desenrolar da tragédia. Nelas, o coro interage com os atores.
- ÊXODO – É a parte final, corresponde ao desfecho. Atores e coro atuam juntos, ocorre um entrelaçamento de elocução e canto e todos se retiram juntos da cena.

Para Aristóteles (1966), uma tragédia tem mais qualidade quando apresenta ação complexa (com a presença de peripécia e/ou reconhecimento), provoca terror e piedade em grande intensidade e apresenta a queda do herói como resultado de um erro por ele cometido de forma não consciente. As tragédias de maior impacto são aquelas que apresentam um conflito entre personagens ligadas por laço de sangue ou de afeto.

Três foram os grandes poetas trágicos da Grécia antiga: Ésquilo (525 ou 524-456 ou 455 a.C.), Sófocles (ca. 497-406 a.C.) e Eurípedes

(480-406 a.C.). A maioria de suas obras não chegou aos tempos atuais, mas aquelas que restaram são textos cuja fama venceu a passagem dos séculos e muitas são encenadas com grande sucesso até hoje.

Prometeu acorrentado, de Ésquilo, *Édipo rei* e *Antígona*, de Sófocles, *Medeia* e *As bacantes*, de Eurípedes, por exemplo, impressionam não só pela qualidade dramática, mas também pela atualidade das temáticas abordadas. Nessas obras, é possível observar a constante luta pelo poder, a dor da traição, os perigos da arrogância desmedida, o conflito entre as leis estabelecidas pelos laços de sangue e aquelas estabelecidas pelo Estado. Tudo está lá em um passado ao mesmo tempo distante e próximo de nós, pois, mesmo que elas nos apresentem um mundo diferente, de heróis e deuses antigos, ainda são capazes de impressionar e causar, sim, terror e piedade em seus leitores.

A tragédia, como modalidade dramática, continuou sendo produzida para além do período histórico grego no qual ela floresceu com tanta intensidade. A influência grega permaneceu forte, e o que Aristóteles estabelecera como características e qualidades de um texto trágico tornou-se um sistema rígido de normas para a realização de novas produções. Segundo Stalloni (2001, p. 53), "a lei das três unidades foi respeitada por muitos autores europeus que assumiram a herança grega". No Renascimento, ela foi considerada um refinado exercício de tipo escolar e universitário. Mesmo assim, modificações foram introduzidas com o passar do tempo.

Outro momento histórico em que a tragédia atingiu grande força e qualidade, foi o teatro elisabetano, na Inglaterra governada por Elizabeth I, na virada do século XVI para o XVII. Esse período ilustra bem as modificações que dão origem a uma tragédia renovada.

Entre os dramaturgos do período, o grande nome é William Shakespeare. A importância e a qualidade de seu teatro são reconhecidas mundialmente até hoje. Suas tragédias foram inovadoras em vários aspectos. Seus textos apresentam fábulas mais extensas, com maior número de ações, as quais se desenrolam em espaços diferentes e em um tempo cronológico que ultrapassa, em muito, a duração de um dia.

Deve ser observado também que as tragédias do período, não só as shakespearianas, são diferentes das gregas em sua divisão em partes. A parte cantada deixa de existir, e a ação está dividida em atos que, por sua vez, estão divididos em cenas.

Além disso, Shakespeare, citado por Nuñes e Pereira (1999, p. 114), introduziu elementos do gosto e da cultura populares, como personagens características e certo tipo de comicidade, o que alterava qualquer rigidez da estrutura trágica. Tornava-se possível, por exemplo, que o dramaturgo jogasse com a alternância de momentos de intensa emoção que beiram ao pavor, diante do desconhecido ou da violência, com cenas amenas de franca comicidade. Por meio delas cria-se, muitas vezes, o anticlímax para o desencadear das situações mais pesadas.

Outros autores também introduziram modificações importantes nas regras tradicionais da dramaturgia clássica, até que o trágico se tornasse apenas um traço presente em manifestações dramáticas que quase não têm relação com as manifestações de origem. A tragicomédia, por exemplo, desenvolveu-se durante a Renascença e também, mais tarde, na época clássica. Seu nome se vincula à ideia de que toda a tragédia termina bem. Nesse tipo de peça, conforme Stalloni (2001), observa-se a preferência por lances inesperados, por reencontros e pelo espetacular.

(9.2) Comédia

A comédia coloca-se como o oposto da tragédia, segundo as considerações aristotélicas a respeito do gênero dramático. Se, por um lado, a tragédia tem como objeto a ação de homens dotados de uma posição social elevada (chamados por Aristóteles de *superiores*), por outro, a comédia apresenta aqueles chamados por Aristóteles de *inferiores*, isto é, os mais fracos, os que não são grandes heróis. Segundo o filósofo grego, a comédia é a *imitação de maus costumes, não contudo de toda sorte de vícios, mas só daquela parte do ignominioso que é o ridículo. O ridículo reside num defeito e numa tara que não apresentam caráter doloroso ou corruptor. Tal é, por exemplo, o caso da máscara cômica feia e disforme, que não é causa de sofrimento.* (Aristóteles, 1966, p. 246)

É importante destacar que os termos *superior* e *inferior* usados por Aristóteles inseriam-se no contexto de suas propostas teóricas e da época em que ele vivia, e podem, assim, soar preconceituosos e discriminatórios se o contexto histórico for desconsiderado.

Conforme a citação anterior, o cômico está no ridículo, naquele traço exagerado que destoa, em uma deformidade que não causa dor. É possível pensar a comédia sempre de maneira inversa da tragédia. No teatro grego, ambas – comédia e tragédia – são interfaces do mesmo fenômeno artístico, pois abordam os mesmos temas (amor, morte, abuso de poder, liberdade), "diferenciado-se apenas pelo tratamento dado à matéria. Se esses temas são abordados de forma solene e veiculam uma ideologia de seriedade, enseja-se a tragédia; se o tratamento é irreverente e calcado numa ideologia carnavalescomédia" (Nuñes; Pereira, 1999, p. 103).

A comédia também apresenta, em sua constituição, os mesmos elementos da tragédia: fábula (*mythos*), caracteres, elocução, pensamento, melopeia e espetáculo, porém cada um deles ganha uma configuração diferente. A ação nela representada não é importante; o mote principal são os disparates da vida cotidiana. Seu final é o ponto de culminância da alegria. Uma peculiaridade é que, em um momento determinado da encenação, a parábase (o coro) se dirige aos espectadores em nome do poeta para fazer uma crítica à política vigente e promover ataques a desafetos.

No teatro grego, a comédia está dividida em duas fases: a COMÉDIA ANTIGA, que se caracteriza pela sátira da vida política e social, cujo maior representante é Aristófanes, e a COMÉDIA NOVA, que denuncia os costumes contemporâneos. A figura de destaque da comédia nova é Menandro (342-291 a.C.), mas os poetas cômicos latinos Plauto

(254-184 a.C.) e Terêncio (?-159 a.C.) também adotaram esse viés (Berrio; Calvo, 1995, p. 208).

Segundo Molière (1622-1673) – o maior autor francês cômico do século XVII –, a comédia deve divertir e denunciar os vícios (Molière, citado por Stalloni, 2001, p. 57). Além disso, ela exibe, propositalmente, seu caráter lúdico, chamando o espectador a participar de um jogo de inversões e de incoerências, e tem uma dimensão paródica, em que as ações nobres são imitadas para fazer rir (Nuñes; Pereira, 1999). Trata-se de uma modalidade dramática basicamente transgressora que, por isso, muitas vezes cumpriu uma função regeneradora e revitalizadora nas séries histórico-literárias.

Ao longo do tempo, a comédia foi ganhando muitas formas de manifestação, desde a já referida comédia grega. Como não apresenta a rigidez formal da tragédia, ela pode renovar-se seguindo as mais diversas direções e dividindo-se em subgêneros como:

- FARSA – Constitui uma modalidade desenvolvida desde a Idade Média na França e na Itália. Caracteriza-se por ser um divertimento breve, fundamentado em uma intriga simples, cuja estrutura básica é a impostura. De caráter popular, era representada, no período medieval, nos intermédios bufões em meio a mistérios sérios. A farsa costuma apresentar personagens típicas, máscaras grotescas, palhaçadas, mímicas, caretas, trocadilhos. Seu aparato cômico é constituído por situações, gestos e palavras marcadamente escatológicos e obscenos (Berrio; Calvo, 1995).
- COMÉDIA DE COSTUMES – É uma das modalidades que faz sucesso no Brasil ainda hoje. Martins Pena (1815-1848), pertencente ao movimento romântico brasileiro, escreveu peças de sucesso filiadas a esse tipo de comédia, a qual se consagra a ridicularizar os defeitos de um grupo social, como os homens de finanças, as moças casamenteiras e os estrangeiros.
- COMÉDIA DE CARÁTER – Consiste em uma modalidade baseada na apresentação de uma personagem e suas particularidades. Algumas obras do já referido Molière ilustram perfeitamente esse subgênero, basta observar os títulos: *O avarento* e *O misantropo*.

Além das modalidades descritas, no século XX a comédia seguiu encontrando novos caminhos para a inovação. Ela continua tão viva hoje quanto na época em que os gregos tão bem a produziram. O riso, a transgressão e a crítica ainda são traços definidores do texto cômico e constituem a força que lhe garante vida e atrai leitores e espectadores no mundo inteiro.

(9.3) Auto

A palavra *auto* significa "ato", mas abrange uma variedade de textos impregnados de cristianismo e derivados dos espetáculos medievais. Equivale a um ato que integra um espetáculo maior e completo, daí seu nome. É uma modalidade do gênero dramático ligada aos mistérios e às moralidades. Na Idade Média, designou toda peça curta de tema religioso ou profano. Os mistérios são peças teatrais, cujos temas são retirados das sagradas escrituras para serem transmitidos ao povo de forma acessível e concreta, a história da religião, os dogmas e os artigos de fé. Nas moralidades, os temas históricos concretos são substituídos por argumentos "abstratos-típicos" que mostram o conflito do homem em face do bem e do mal (Berrio; Calvo, 1995).

(9.4) Drama

Emprega-se o termo *drama*, de modo geral, para designar a obra teatral em um sentido amplo, dado seu significado: "ação". Porém, a mesma palavra, em sentido particular, designa uma modalidade determinada do gênero dramático que apresenta, tal como a tragédia, um CONFLITO DOLOROSO, ambientado no MUNDO DA REALIDADE, com PERSONAGENS MAIS PRÓXIMAS DA HUMANIDADE e menos grandiosas que os heróis trágicos. O drama tem uma tendência a tratar ARGUMENTOS DE CARÁTER SENTIMENTAL. Alguns teóricos o colocam como uma espécie intermediária entre a tragédia e a comédia (Berrio; Calvo, 1995).

O drama tem uma estética específica que constrói um enredo que implica ao mesmo tempo destinos individuais e um universo "social". Podemos destacar, considerando sua evolução:

- O DRAMA BURGUÊS do século XVIII, codificado pelo iluminista francês Diderot (1713-1784), como uma modalidade "séria", voltada a assuntos atuais, com personagens comuns, realismo das situações, mistura de tons e alcance edificante. Beaumarchais (1732-1799), também francês, defendeu o drama, insistindo no prazer das lágrimas, na lição de moral, na verdade das situações e lhe acrescentando preocupações políticas e sociais (Stalloni, 2001).
- O DRAMA ROMÂNTICO (1827-1843), produzido pelos franceses Victor Hugo (1802-1885), Vigny (1797-1863), Dumas (1802-1870) e Musset (1810-1857), toma a história como o tema favorito: não a Antiguidade – domínio pertencente à tragédia –, mas a história recente (especialmente a da Renascença). Diversas camadas sociais são representadas em cena, e a autoridade real é contestada. Outra característica importante dessa modalidade é a presença de um herói atormentado, o indivíduo romântico, já que é produto do Romantismo.
- O MELODRAMA desenvolveu-se no final do século XVIII e início do século XIX como uma espécie de junção entre o drama burguês e o drama romântico. É uma peça de caráter popular que apresenta personagens fixas e reconhecíveis (o herói, a heroína, o pai, o traidor, o tolo) e uma estrutura imutável composta por três atos: a crise, o sofrimento e a libertação. Os espaços em que a ação se desenrola são invariavelmente fantásticos, tais como castelos e tumbas.

Nas últimas décadas do século XIX, o teatro passou por profundas transformações em vários âmbitos. Segundo Nuñes e Pereira (1999), enquanto circulava pela Europa um tipo de teatro comercial que correspondia a uma variação de drama com enredo convencional, constituído de uma exposição, nó e desenlace com uma série de anticlímax que produziam suspense, muitos escritores buscavam abordar em seus textos temas controversos ligados ao cotidiano, como o conflito entre valores individuais e os interesses da vida pública, as mudanças na estrutura familiar e do papel da mulher. Além de inovações temáticas, a estrutura do drama tornou-se mais complexa e menos previsível.

O gênero dramático mantém sua vitalidade ainda na época contemporânea. Uma das mudanças que esse gênero sofreu e que deve ser destacada é a importância que ganha a figura do diretor de cena. Sua influência se torna determinante para a construção do espetáculo, que, a partir de então, é visto como uma leitura do texto dramático realizada por um diretor específico. Assim, os espectadores passam a assistir versões de um mesmo drama ou de uma mesma tragédia a fim de estarem em contato com diferentes "leituras" a seu respeito.

A busca por um sentido oculto na vida moderna, o questionamento das formas de representação convencionais no teatro europeu, além de profundas crises psíquicas, resultaram na implosão das formas dramáticas. O desejo de reproduzir com fidelidade a experiência vivida no cotidiano levou os dramaturgos a abandonarem as convenções teatrais.

Podemos verificar o fortalecimento e a expansão de um teatro calcado no realismo psicológico que se caracteriza pela exploração detalhada dos conflitos e contradições entre os desejos individuais e as pressões sociais. O conflito dramático passou a ser um conflito individual, muitas vezes localizado no passado da personagem (uma espécie de trauma), o que revela a influência que a psicanálise, como área de conhecimento em ascensão, exerceu sobre essa produção e sobre a literatura em geral desse período.

Outra corrente forte no século XX é o teatro de tese. Ele se afasta do viés de análise psicológica para desenvolver textos que assumem a missão de discutir determinados temas: as teses a serem defendidas. Nele, a cena passou a ser um espaço para o debate filosófico.

É preciso, por fim, destacar o teatro do absurdo, em que é possível observar a renovação da estrutura dramática com base na perspectiva de que a comunicação é impossível no mundo moderno e de que a vida não tem sentido "num momento em que entrou em crise a crença nos grandes projetos político-ideológicos e religiosos no Ocidente" (Nuñes; Pereira, 1999, p. 129).

O teatro ainda é um território de grande movimentação e inquietude. Inúmeras são as formas experimentais que têm surgido nos últimos tempos. O texto dramático, em muitas delas, não ocupa um lugar central. Atualmente, os hibridismos são frequentes, uma vez que as fronteiras entre os gêneros há muito foram rompidas. Isso não significa um enfraquecimento do drama. O fato de esse gênero ser multiforme e capaz de se misturar a outros só garante sua vitalidade.

Atividades

1. É possível considerar o teatro um gênero de natureza híbrida, um caso limítrofe da criação literária, porque:
   a) não apresenta todas as características necessárias para ser considerado um fenômeno literário.
   b) para sua realização em forma de espetáculo, necessita de outras linguagens, além do texto dramático.
   c) o texto dramático não apresenta mimese.
   d) a ausência de um narrador, no texto dramático, prejudica sua verossimilhança.
   e) apresenta todas as características necessárias para ser considerado um fenômeno literário.

2. A tragédia grega apresenta os seguintes elementos constitutivos:
   a) fábula, narrador, caracteres, canto, espetáculo e terror.
   b) terror, piedade, caracteres, espetáculo, canto, narrador.
   c) narrador, caracteres, espetáculo, pensamento, elocução, piedade.
   d) fábula, caracteres, pensamento, elocução, canto, espetáculo.
   e) terror, canto, espetáculo, melopeia, pensamento, piedade.

3. Complete as lacunas do texto a seguir e, depois, indique a alternativa que corresponde à ordem correta das palavras empregadas:

Quanto à reação do leitor e/ou espectador, a tragédia grega buscava provocar _____ e _____, enquanto a comédia, _____ .

a) piedade; alívio; riso.
b) terror; medo; riso.
c) terror; piedade; riso.
d) terror; compreensão; alegria.
e) riso; alívio; alegria.

4. Assinale a alternativa correta:

a) O drama é a forma contemporânea da tragédia grega por seu caráter solene e por representar grandes heróis.
b) O drama é uma espécie teatral sem relevância na história do teatro, pois não conseguiu abordar questões importantes, dedicando-se a representar apenas questões corriqueiras da vida cotidiana.
c) O drama costuma apresentar conflitos em que a ênfase nas questões de ordem sentimental é marcante.
d) O drama opta por apresentar a coletividade sem dar importância ao individual, por isso as personagens não apresentam traços de caráter marcantes.
e) O drama costuma apresentar conflitos em que a ênfase nas questões de ordem filosófica é marcante.

5. Nas manifestações contemporâneas do gênero dramático, observa-se uma tendência a:

a) resgatar as tragédias gregas em sua forma original.
b) respeitar as fronteiras que o separa dos outros gêneros.
c) respeitar a lei das três unidades (ação, tempo e espaço) estabelecida por Aristóteles.
d) buscar constantes inovações, quebrando regras e fronteiras, a fim de garantir a revitalização do gênero.
e) resgatar formas dramáticas antigas, como os autos e as farsas.

Referências

ABREU, C. de. As primaveras. Rio de Janeiro: Antunes, 1960.

_____. A valsa. Disponível em: <http://www.dominiopublico.gov.br/download/texto/wk000348.pdf>. Acesso em: 25 jul. 2017.

ARISTÓTELES. Arte retórica e arte poética. 14. ed. Rio de Janeiro: Ediouro, [1969?].

_____. Poética. Tradução de Eudoro de Sousa. Porto Alegre: Globo, 1966.

ARISTÓTELES. Retórica. Tradução de Manuel Alexandre Júnior, Paulo Farmhouse Alberto e Abel do Nascimento Pena. Lisboa: Imprensa Nacional-Casa da Moeda, 2000. (Coleção Biblioteca de Autores Clássicos).

ARISTÓTELES; HORÁCIO; LONGINO. A poética clássica. Tradução de Jaime Bruna. São Paulo: Cultrix, 1990.

AZEVEDO, A. O cortiço. 30. ed. São Paulo: Ática, 1997.

BANDEIRA, M. Estrela da vida inteira. Rio de Janeiro: Nova Fronteira, 2007.

BAUMGARTEN, A. G. Theoretische asthetik. Hamburg: Felix Meiner, 1988.

BERRIO, A. G.; CALVO, J. H. Los géneros: sistema e historia – una introducción. Madrid: Cátedra, 1995.

BOILEAU-DESPRÉAUX, N. Arte poética de Boileau. Lisboa: Typographia Rollandiana, 1818.

CASTRO ALVES, A. F. de. Gondoleiro do amor: Barcarola. Blog do Estadão, 12 mar. 2010. Disponível em: <http://www.blogsoestado.com/pautar/2010/03/12/o-gondoleiro-do-amor-barcarola/>. Acesso em: 25 jul. 2017.

CHARAUDEAU, P. Langage et discours: éléments de sémiolinguistique – théorie et pratique. Paris: Hachette, 1983.

CIDADE, H. Santa Rita Durão: Caramuru – poema épico do descobrimento da Bahia. Rio de Janeiro: Agir, 1960.

COMPAGNON, A. O demônio da teoria: literatura e senso comum. Tradução de Cleonice Paes Barreto Mourão e Consuelo Fortes Santiago. Belo Horizonte: Ed. da UFMG, 1999.

COSTA, L. M. A poética de Aristóteles: mimese e verossimilhança. São Paulo: Ática, 2001.

CROCE, B. A poesia: introdução à crítica e história da poesia e da literatura. Tradução de Flávio Loureiro Chaves. Porto Alegre: Ed. da UFRGS, 1967.

CULLER, J. Teoria literária: uma introdução. Tradução de Sandra Guardini T. Vasconcelos. São Paulo: Beca, 1999.

CUNHA, H. P. Os gêneros literários. In: PORTELLA, E. (Org.). Teoria literária. Rio de Janeiro: Tempo Brasileiro, 1979.

DANZIGER, M. K.; JOHNSON, W. S. Introdução ao estudo crítico da literatura. São Paulo: Cultrix; Edusp, 1961.

EAGLETON, T. Teoria da literatura: uma introdução. Tradução de Waltensir Dutra. São Paulo: M. Fontes, 2003.

ECO, U. As formas do conteúdo. Tradução de Pérola de Carvalho. São Paulo: Perspectiva; Ed. da USP, 1974.

_____. Lector in fabula: a cooperação interpretativa nos textos narrativos. São Paulo: Perspectiva, 1986.

_____. O nome da rosa. 2. ed. Tradução de Aurora Fornoni Bernardini e Homero Freitas de Andrade. Rio de Janeiro: Record, 2011.

_____. Os limites da interpretação. São Paulo: Perspectiva, 1990.

ESSLIN, M. O teatro do absurdo. Tradução de Barbara Heliodora. Rio de Janeiro: Zahar, 1978.

FLACCO, Q. H. Arte poetica de Q. Horacio Flacco: epistola aos pisões. Lisboa: Na Officina de Simão Thaddeo Ferreira, 1790.

FREUD, S. Escritores criativos e devaneio. In: Obra completa. Rio de Janeiro: Imago, 1996.

FRYE, H. N. Anatomia da crítica. Tradução de Péricles Eugênio da Silva Ramos. São Paulo: Cultrix, 1973.

GINZBURG, J. O valor estético: entre universalidade e exclusão. Alea: estudos neolatinos, Rio de Janeiro, v. 10, n. 1, jan./jun. 2008. Disponível em: <http://dx.doi.org/10.1590/S1517-106X2008000100007>. Acesso em: 25 jul. 2017.

HAMILTON, E. El camino de los griegos. México: Fondo de Cultura Económica, 1958.

HAUSER, A. História social da literatura e da arte. São Paulo: M. Fontes, 2000.

HEGEL, G. W. F. Estética. Lisboa: Guimarães, 1956.

HUGO, V. Do grotesco e do sublime: tradução do prefácio de Cromwell. São Paulo: Perspectiva, 2002.

INGARDEN, R. A obra de arte literária. Lisboa: Calouste Gulbenkian, 1973.

JAKOBSON, R. Les fonctions du langage. In: REY, A. THÉORIES DU SIGNE ET DU SENS. Paris: Klincksieck, 1976.

KANT, I. KRITIK DER URTEILSKRAFT. Darmstadt: Wissenschaftliche Buchgesellschaft, 1956.

KEATS, J. LAMIA. Philadelphia: JB Lippincott, 1888.

KIRCHOF, E. R. A ESTÉTICA ANTES DA ESTÉTICA: de Platão, Aristóteles, Agostinho, Aquino e Locke a Baumgarten. Canoas: Ed. da Ulbra, 2003a.

_____. A pintura na sala de aula: uma proposta semiótica. In: SOUZA, L. S. de; CAETANO, S. I. P. (Org.). ENSINO DE LÍNGUA E LITERATURA: alternativas metodológicas. Tomo II. Canoas: Ed. da Ulbra, 2004.

_____. ESTÉTICA E BIOSSEMIÓTICA. Porto Alegre: IEL; Edipucrs, 2008.

_____. ESTÉTICA E SEMIÓTICA: de Baumgarten e Kant a Umberto Eco. Porto Alegre: EdiPUCRS, 2003b.

KOCH, W. THE ROOTS OF LITERATURE. Bochum: Universitätsverlag, 1993.

LANSON, G. *Études d'histoire littéraire*. Paris: Champion, 1930.

LIBERA, A. de. A FILOSOFIA MEDIEVAL. São Paulo: Loyola, 2004.

LOPES, E. M. O DISCURSO FICCIONAL: uma tentativa de definição. 134 f. Dissertação (Mestrado em Linguística). Universidade Federal de Minas Gerais, Belo Horizonte, 2000. Disponível em: <http://www.bibliotecadigital.ufmg.br/dspace/bitstream/handle/1843/ARCO-7FFQMK/dissertacao_emilia mendeslopes.pdf?sequence=2>. Acesso em: 25 jul. 2017.

MACHADO DE ASSIS, J. M. MEMÓRIAS PÓSTUMAS DE BRÁS CUBAS. Rio de Janeiro: Nova Aguilar, 1994.

MCLEISH, K. ARISTÓTELES: a *Poética* de Aristóteles. Tradução de Raul Fiker. São Paulo: Ed. da Unesp, 2000. Coleção Grandes Filósofos.

MOISÉS, M. DICIONÁRIO DE TERMOS LITERÁRIOS. São Paulo: Cultrix, 2004.

_____. A LITERATURA BRASILEIRA ATRAVÉS DOS TEXTOS. 25. ed. São Paulo: Cultrix, 2005.

NUÑES, C.; PEREIRA, V. O teatro e o gênero dramático. In: JOBIM, J. L. INTRODUÇÃO AOS TERMOS LITERÁRIOS. Rio de Janeiro: Ed. da Uerj, 1999.

PEIRCE, C. S. COLLECTED PAPERS OF CHARLES SANDERS PEIRCE. Cambridge: Harvard University Press, 1958.

PEIRCE, C. S. O que é um signo? (1894) Tradução de Ana Maria Guimarães Jorge. FACOM, n. 18, 2. semestre 2007. Disponível em: <http://www.faap.br/revista_faap/revista_facom/facom_18/ana.pdf>. Acesso em: 25 jul. 2017.

PLATÃO. A REPÚBLICA. Tradução de Maria Helena da Rocha Pereira. Lisboa: Calouste Gulbenkian, 1996.

RAMOS JÚNIOR, J. de P. Amor de pedra. REVISTA USP, São Paulo, n. 56, p. 100-105, dez.-fev. 2002-2003. Disponível em: <http://www.revistas.usp.br/revusp/article/view/33811/36549>. Acesso em: 25 jul. 2017.

REALE, G. INTRODUÇÃO A ARISTÓTELES. Lisboa: Edições 70, 1997.

RUDLER, G. LES TECHNIQUES DE LA CRITIQUE ET DE L'HISTOIRE LITTÉRAIRES. Oxford: Imprimerie de l'Université, 1923.

SHAKESPEARE, W. RICARDO III. Tradução de Beatriz Viégas-Faria. Porto Alegre: L&PM, 2007.

SILVA, V. M. de A. e. TEORIA DA LITERATURA. Coimbra: Almedina, 1973.

SILVEIRA, S. da (Org.). OBRAS DE CASIMIRO DE ABREU. Rio de Janeiro: Agir, 1961. v. 23.

SOARES, A. GÊNEROS LITERÁRIOS. São Paulo: Ática, 2005.

SOUZA, R. A. TEORIA DA LITERATURA. São Paulo: Ática, 2004.

STAIGER, E. CONCEITOS FUNDAMENTAIS DA POÉTICA. Rio de Janeiro: Tempo Brasileiro, 1969.

STALLONI, Y. Os gêneros literários. Rio de Janeiro: Difel, 2001.

SZONDI, P. Ensaio sobre o trágico. Rio de Janeiro: Zahar, 2004.

TADIÉ, J.-Y. A crítica literária do século XX. Rio de Janeiro: B. Brasil, 1987.

TATARKIEWICZ, W. A History of Six Ideas: an Essay in Aesthetics. The Hague: Martinus Nijhoff, 1980.

TOMACHEVSKI, B. Temática. In: EIKHENBAUM, B. et al. Teoria da literatura: formalistas russos. Porto Alegre: Globo, 1978.

TRABULSI, J. A. D. Dionisismo, poder e sociedade na Grécia até o fim da época clássica. Belo Horizonte: Ed. da UFMG, 2004.

VICENTE, G. Auto da barca do inferno. Minas Gerais: Virtual Books, 2006.

WELLEK, R.; WARREN, A. Teoria da literatura e metodologia dos estudos literários. São Paulo: M. Fontes, 2003. (Coleção Leitura e Crítica).

Gabarito

Capítulo 1

1. d
2. a
3. b
4. c
5. e

Capítulo 2

1. c
2. a
3. d
4. e
5. b

Capítulo 3

1. a
2. c
3. b
4. a
5. c

Capítulo 4

1. a
2. c
3. d
4. b
5. d

Capítulo 5

1. c
2. a
3. d
4. e
5. c

Capítulo 6

1. c
2. e
3. a
4. c
5. d

Capítulo 7

1. c
2. b
3. a
4. d

Capítulo 8

1. c
2. d
3. b
4. c
5. b

Capítulo 9

1. b
2. d
3. c
4. c
5. d

Impressão:
Agosto/2017